Praktikumsknigge

Stefan Rippler · Nadine Luck

Praktikumsknigge

Der Leitfaden zum Berufseinstieg

3., überarbeitete und aktualisierte Auflage

Stefan Rippler
Wertheim, Deutschland

Nadine Luck
Bamberg, Deutschland

ISBN 978-3-658-42318-6   ISBN 978-3-658-42319-3 (eBook)
https://doi.org/10.1007/978-3-658-42319-3

Die Deutsche Nationalbibliothek verzeichnet diese Publikation in der Deutschen Nationalbibliografie; detaillierte bibliografische Daten sind im Internet über https://portal.dnb.de abrufbar.

© Der/die Herausgeber bzw. der/die Autor(en), exklusiv lizenziert an Springer Fachmedien Wiesbaden GmbH, ein Teil von Springer Nature 2003, 2005, 2023

Ursprünglich erschienen im Eigenverlag Stefan Rippler, 2003, und bei clash Verlagsgesellschaft GbR, München 2005

Das Werk einschließlich aller seiner Teile ist urheberrechtlich geschützt. Jede Verwertung, die nicht ausdrücklich vom Urheberrechtsgesetz zugelassen ist, bedarf der vorherigen Zustimmung des Verlags. Das gilt insbesondere für Vervielfältigungen, Bearbeitungen, Übersetzungen, Mikroverfilmungen und die Einspeicherung und Verarbeitung in elektronischen Systemen.
Die Wiedergabe von allgemein beschreibenden Bezeichnungen, Marken, Unternehmensnamen etc. in diesem Werk bedeutet nicht, dass diese frei durch jedermann benutzt werden dürfen. Die Berechtigung zur Benutzung unterliegt, auch ohne gesonderten Hinweis hierzu, den Regeln des Markenrechts. Die Rechte des jeweiligen Zeicheninhabers sind zu beachten.
Der Verlag, die Autoren und die Herausgeber gehen davon aus, dass die Angaben und Informationen in diesem Werk zum Zeitpunkt der Veröffentlichung vollständig und korrekt sind. Weder der Verlag noch die Autoren oder die Herausgeber übernehmen, ausdrücklich oder implizit, Gewähr für den Inhalt des Werkes, etwaige Fehler oder Äußerungen. Der Verlag bleibt im Hinblick auf geografische Zuordnungen und Gebietsbezeichnungen in veröffentlichten Karten und Institutionsadressen neutral.

Titelbild: Intern, conceptual illustration. Bild Nr. 175142344 © Adobe Stock

Planung/Lektorat: Irene Buttkus
Springer Gabler ist ein Imprint der eingetragenen Gesellschaft Springer Fachmedien Wiesbaden GmbH und ist ein Teil von Springer Nature.
Die Anschrift der Gesellschaft ist: Abraham-Lincoln-Str. 46, 65189 Wiesbaden, Germany

Das Papier dieses Produkts ist recyclebar

Mini-Lehre mit Maxi-Wirkung? Vom Sinn und Zweck eines Praktikums

„Suchen promovierten, höchstens 25-jährigen PR-Mitarbeiter mit Prädikatsabschluss in den Fächern BWL, Psychologie, Kommunikationswissenschaft und Germanistik und mit mindestens drei Jahren Berufserfahrung. Verhandlungssicherheit in Japanisch, Französisch und Polnisch ist Voraussetzung. Ferner sollten Sie motiviert, kreativ, flexibel für ungewöhnliche Arbeitszeiten und für ein Gehalt auf Provisionsbasis sein." Zugegeben: Diese Stellenanzeige ist etwas überspitzt formuliert. Allerdings sind die Anforderungen an Berufseinsteiger in den letzten Jahren gestiegen. Liest man die Liste der Voraussetzungen, die ein Praktikant mitbringen soll, traut man sich oft schon gar nicht mehr sich zu bewerben. Viele Universitäten, von denen die Studenten gern nahtlos ins Berufsleben wechseln wollen, können sich oft nicht mit ihrer Praxisorientierung rühmen, da sie ihren Schwerpunkt auf wissenschaftliches Arbeiten legen.

Wer aber nicht im Elfenbeinturm landen möchte, muss selbst dafür sorgen, durch frühzeitige Praxiserfahrungen die Einstiegschancen ins Berufsleben zu erhöhen. Wie? Na, durch Praktika, die man idealerweise schon im jeweiligen Beruf absolviert hat.

Bei einem Praktikum bekommst du einen Vorgeschmack aufs Berufsleben, du häufst Skills und Fachwissen an und knüpfst Kontakte, die beim Berufseinstieg oder im späteren Berufsleben nützen. Dein Ziel: Du lernst Arbeitsalltag, mit allen Aufgaben, die dazugehören, kennen. Du kannst dir konkret vorstellen, welche Aufgaben und Positionen du im späteren Berufsleben anstrebst. Und auch, wovon du dich künftig besser fernhältst. Ein Praktikum ist nämlich auch dafür da, unrealistische Erwartungen an den bisherigen Traumberuf rechtzeitig zu korrigieren. Idealerweise jedenfalls bist du hinterher hochmotiviert, weil du siehst, wohin das Lernen führen kann – und dass du die richtige Ausbildungs-/Studienwahl getroffen hast. Natürlich krönt ein gutes Praktikum auch jede Bewerbungsmappe.

Vielleicht überzeugt auch folgender Gedanke: Das Praktikum ist die beste Bewerbung für eine Festanstellung, denn der Arbeitgeber kennt einen hinterher und weiß, welch großartigen Mitarbeiter er erwarten kann.

Danksagung und Hinweise

Die Autoren danken den vielfältigen Unterstützenden dieses Projekts, insbesondere den Interviewpartnerinnen und Interviewpartnern für die fachkompetenten Auskünfte. Unser besonderer Dank geht Regina Grein und Heidi Keller für die redaktionelle Zuarbeit sowie an Nora Sachs-Rippler für die Formatierung.

Beim Schreiben des Buches haben die Autoren wo möglich gegendert. Falls es wider Erwarten vereinzelt nicht gegendert sein sollte, gelten sämtliche Personenbezeichnung für alle Geschlechter gleichermaßen – also männlich, weiblich und divers (m/w/d).

Inhaltsverzeichnis

1 Praktikumsarten und -unarten   1
 1.1 Schnupperpraktikum   1
 1.2 Schülerbetriebspraktikum   2
 1.3 Fachpraktikum/Pflichtpraktikum/Praxissemester/
      Famulatur (im medizinischen Bereich)   3
 1.4 Freiwilliges Praktikum   4
 1.5 Volontariat   4
 1.6 Traineeship/Trainee   5

2 Klasse statt Masse!   7
 2.1 Das oberste Gebot: Qualifizierte Praktika machen!   8
     2.1.1 Aufgaben   8
     2.1.2 Verantwortung   9
     2.1.3 Dauer   9
     2.1.4 Ansprechperson   9
     2.1.5 Lohn   9
 2.2 So machst du das Praktikum zum Erfolg: Interview mit
      Marcel Rütten   11
 2.3 Wie viele Praktika tun gut?   14

3 Hier findest du dein Praktikum! 19
3.1 „Vitamin B" – Das Netzwerk 19
3.2 Printmedien 20
3.3 Internet 20
3.4 Professorenkontakte/Schwarzes Brett 21
3.5 Unternehmenswebsites 21
3.6 Praxisinitiativen und Career Center 22
3.7 Fachmessen 22

4 Hier bin ich! Von der richtigen Eigenwerbung 25
4.1 Vorab-Erkundigungen 25
4.2 Bewerben – Wann und wie? 26
    4.2.1 Die Bewerbungsunterlagen 26

5 Interview mit Moritz Rachner: Praktika in der Gesundheitsbranche 43

6 Das Vorstellungsgespräch 47
6.1 Die Vorbereitung 48
6.2 Fragen und Antworten 48
6.3 Wer nicht fragt, bleibt dumm? 52
6.4 Weitere Do's and Dont's 53
6.5 Jacke wie Hose: Der Dresscode 54
6.6 Der Termin: Probleme und ihre Lösungen 55
    6.6.1 Problem Geld 55
    6.6.2 Du bist krank 55
    6.6.3 Pünktlichkeit 56
    6.6.4 Nervosität 56
    6.6.5 Störungen reduzieren 56

7 Wenn's nicht klappt 59

8 Wenn's klappt: Der Praktikumsvertrag 61

9	**Interview: Praktikum bei der Bundeswehr**	**65**
10	**Bafög, Versicherungen, Steuern und Co.**	**69**
10.1	Bafög	69
10.2	Sozialversicherung	70
10.3	Krankenversicherung im Praktikum	71
	10.3.1 Familienversicherung	71
	10.3.2 Krankenversicherung im Praktikum: Wer übernimmt die Beiträge?	72
10.4	Steuern	72
11	**Rechte und Pflichten im Praktikum**	**73**
11.1	Die Vergütung	73
11.2	Der Urlaubsanspruch	73
11.3	Die Arbeitszeit	74
11.4	Das Praktikumszeugnis	74
11.5	Die Lern- und Sorgfaltspflicht	74
11.6	Kein Recht auf Übernahme in ein Arbeitsverhältnis	74
11.7	Praktikanten unter 18 Jahren	75
	11.7.1 Arbeitszeit (§ 8 JArbSchG)	75
	11.7.2 Ruhezeiten (§ 12 JArbSchG)	76
	11.7.3 Nachtarbeit (§ 14 JArbSchG)	76
12	**Der Countdown läuft: Kurz vor dem Praktikum**	**77**
12.1	Große Erwartungen und kleine Unsicherheiten	77
12.2	Immer mit der Ruhe: Der Abend davor	78
12.3	Die richtige Kleidung	79
13	**Der erste Tag im Praktikum**	**81**
13.1	A wie Ansprechpartner: die Betreuung	81
13.2	B wie Bildungsauftrag: der Praktikumsplan	83
13.3	C wie Computer: der Arbeitsplatz	85
13.4	Praktika im Home-Office	87

14	**Nächste Station: Praktikum bei der Deutschen Bahn**	**89**
15	**Richtig oder falsch? Der Knigge im Praktikum**	**93**
15.1	Die lieben Kollegen – alles Duzfreunde?	94
15.2	Wie man in den Wald grüßt …	95
15.3	Gestatten, ich bin der Neue: Die richtige Vorstellung	95
15.4	Die Hand zum Gruße	96
15.5	Ask or Error	96
15.6	Aufmucken oder akzeptieren: Vom Umgang mit Kritik	97
15.7	Schleimen oder scharf kritisieren: Das richtige Selbstbewusstsein	97
15.8	Mahlzeit! Aber wann und wie lange?	98
15.9	Wer redet, fliegt: Das Ausplaudern von Interna	99
15.10	Schweigen ist Gold: Lästern tabu	100
15.11	Zigarette? Vom Recht auf nikotinfreie Luft am Arbeitsplatz	101
15.12	Privat unterwegs auf Social Media?	102
15.13	Urlaub und Krankheit	103
16	**Probleme und ihre Lösungen**	**105**
16.1	Rotieren statt Routine: Überforderung	105
16.2	Bleiben bis zum Umfallen	106
16.2.1	Die gesetzlichen Vorgaben	106
16.2.2	Die Vorgaben des Unternehmens	107
16.2.3	Und in der Realität	107
16.3	Löcher in die Wand starren: Leerlaufzeiten	109
16.4	Moderner Dreikampf: Kopieren, Kuschen, Kaffeekochen	111
16.5	Allein auf weiter Flur: Kein Ansprechpartner	113
16.6	Lieber ein Ende mit Schrecken: Praktikumsabbruch	113
17	**Jetzt gibt's Klartext – das Abschlussgespräch**	**115**

18	Praktikumsbericht	117
19	Praktikum bei der Stadtsparkasse	119
20	**Das Praktikumszeugnis**	123
	20.1 Formale Anforderungen	124
	20.2 Inhaltliche Anforderungen	124
	20.3 Sag es durch die Blume – die Zeugnissprache	126
	20.4 Vom „geselligen" Praktikanten – unerlaubte Geheimcodes	128
	20.5 Chance und Risiko – das Zeugnis selbst schreiben	131
21	**Verbunden bleiben – So hält der Firmenkontakt**	133
	21.1 Firmeneigene Bindungsprogramme	134
	21.2 Für Studenten: freie Mitarbeit, Werkstudententätigkeit. Diplomarbeit	134
	21.3 Abitur, Studium – Praktikum	136
	21.3.1 Regeln für den diplomierten Praktikanten	137
	21.4 Feste Stelle	139
22	**Ab ins Ausland**	141
	22.1 Praktikum im ARD-Studio New York: Wie Regina Schwab als Praktikantin auf den roten Teppich gelangte	141
	22.2 Praktika in Österreich	144
	22.2.1 Ferialpraktikum	144
	22.2.2 Ferialjob	145
	22.3 Praktika in der Schweiz	145
	22.4 Praktika im Rest der Welt	146

1
Praktikumsarten und -unarten

„Praktikum machen", steht also fortan auf deiner To-Do-Liste, um den späteren Berufseinstieg Schritt für Schritt vorzubereiten. Ein Blick auf die Homepage deiner Traumfirma macht dich aber stutzig: Die Firma bietet keine Praktikantenplätze an, sondern sucht Volontäre und Trainees. Für den Laien klingen diese Begriffe wie Fachchinesisch. Ist denn ein Praktikum dasselbe wie ein Volontariat? Darauf gibt es nur eine Antwort: Jein. Firmen verwenden die Begriffe, die offensichtlich verschiedene Formen von Praktika bezeichnen sollen, oft schlampig. Hier ein Versuch, die Praktikumsarten zu beschreiben.

1.1 Schnupperpraktikum

Bei einem Schnupperpraktikum testest du, ob du dein Traumberuf „riechen" kannst – ob du also wirklich bei der Feuerwehr arbeiten möchtest, Tierärztin oder Schaufensterdekorateurin werden willst. Meist melden sich Schüler/innen für diese Schnupperstellen.

Ein Schnupperpraktikum dauert meist nur wenige Tage. Danach solltest du wissen, ob dir der angetestete Beruf gefällt und wie der Weg dorthin aussieht.

Eine Bezahlung kannst du bei einem Schnupperpraktikum nicht erwarten. Es gilt: erste Erfahrungen sammeln. Und vielleicht hast du, bei deinem zweiten Praktikum, bereits so viel zu bieten, dass dort sogar eine kleine Vergütung herausspringt.

1.2 Schülerbetriebspraktikum

Je nach Bundesland oder Schulart musst oder darfst du ein „Schülerbetriebspraktikum" absolvieren – und zwar meist in der vorletzten oder letzten Jahrgangsstufe. Dieses Praktikum, das mehrere Tage oder sogar Wochen umfasst, gilt als Unterrichtsveranstaltung und wird mit deinen Lehrern intensiv vor- und nachbereitet. Das Praktikum soll berufsvorbereitenden Unterricht veranschaulichen. Die Schülerinnen sollen den schulischen Rahmen verlassen und erste Einblicke in die Berufs- und Arbeitswelt erhalten. In Zukunft wird dieser schulische Betriebsausflug eine noch größere Rolle spielen. Die Schülerbetriebspraktika werden mehr und mehr auch an Gymnasien angeboten. Die Schülerinnen sollen künftig nicht nur in Betrieben der direkten Schulumgebung schnuppern, sondern auch in geografisch weiter entfernten Unternehmen – möglich kann sogar ein Praktikum in einem anderen Land sein.

Linktipp Praktikumswoche.de: In mehr als 95 Regionen Deutschlands können sich Schüler:innen ab 15 Jahren auf dieser Webseite registrieren, um an 5 Tagen in 5 Berufe und damit in 5 unterschiedliche Unternehmen hineinzuschnuppern.

1.3 Fachpraktikum/Pflichtpraktikum/ Praxissemester/Famulatur (im medizinischen Bereich)

Bei Fachhochschulen, die großen Wert auf Praxisbezug legen, sind Praktika oft verpflichtender Bestandteil des Studiums, du setzt das Gelernte dann gleich in die Tat um. Ein Vorgehen, das sich bewährt hat: Fachhochschüler gelten wegen ihrer praktischen Erfahrung in einigen Berufen oft als begehrtere Kandidaten für Festanstellungen als Universitäts-Absolventen. In jüngster Zeit versuchen die Universitäten daher, den Praxisvorsprung der FHs aufzuholen – und schicken ihre Studenten ebenfalls ins praktische Berufsleben.

Vorsicht: In einigen Studiengängen musst du bereits vor Studienstart ein acht bis zwanzigwöchiges **Vorpraktikum** machen – zum Beispiel ist das vielerorts im Fach Maschinenbau der Fall. Falls du das versäumt hast, erkundige dich, ob du ein solches auch in den ersten Semestern nebenher nachholen kannst. Da nicht alle Hochschulen verpflichtende Praktika fordern, solltest du dich vorher erkundigen, welche Qualifikationen du zum Einschreiben benötigst.

Ein **Hauptpraktikum** oder **Praxissemester** dagegen musst du während des Studiums absolvieren: Du bleibst dabei Mitglied der Hochschule mit allen Rechten und Pflichten. Das heißt zum Beispiel: du behältst deinen Anspruch auf BaföG, und bist arbeits- wie sozialrechtlich kein Betriebsangehöriger. Du bist der Hochschule in diesem Fall meist dazu verpflichtet, einen Praktikumsbericht zu schreiben; die Firma schickt parallel dazu einen Tätigkeitsnachweis. Oft musst/darfst du obendrein einen Kurs belegen, der das Praktikum vor- oder nachbereitet. Praxissemester umfassen oft mehr als nur ein Praktikum, dauern in der Regel 20 bis 26 Wochen und sollen meist am Ende des Grundstudiums absolviert werden.

In manchen Fällen wird dir das Fachpraktikum auch erlassen. Das kann der Fall sein, wenn du bereits eine Berufsausbildung nachweisen kannst, oder wenn du als Zivildienstleistender oder bei der Bundeswehr gearbeitet hast. Informationen hierzu gibt das Praktikantenamt, ein zuständiger Hochschullehrer oder der Prüfungsausschuss der Hochschule.

1.4 Freiwilliges Praktikum

Besonders intensiv müssen sich Studenten mit dem Thema „Praktikum" befassen, die ihr Studium recht frei gestalten können – zum Beispiel Geistes- und Sozialwissenschaftler. In der Regel sind sie nicht dazu verpflichtet, Praktika zu absolvieren. Inhaltlich setzt du dich in deinen Haupt- und Nebenfächern mit diversen Studienschwerpunkten auseinander, nach dem Studium hast du klangvoll einen Master in der Tasche – und deine Berufsbezeichnung lautet? Und genau diese Frage wirst du schwer beantworten können. Wenn du ein Fach studierst, dass keine konkrete Berufsausbildung umfasst, dann helfen Praktika, ein berufliches Profil zu erstellen und weiterzuprägen. Du musst selbst dafür sorgen, dass du Journalist, Mitarbeiterin der BMW-Personalabteilung oder hessischer Ministerpräsident wirst. Praktika schubsen dich dabei Schritt für Schritt in die richtige Richtung.

Aber auch, wenn du bereits Pflichtpraktika absolviert hast, ist es sinnvoll, sich zusätzlich noch um ein freiwilliges Praktikum, in dem jeweiligen Berufsfeld, zu kümmern: So etwas kann man dann „Eigeninitiative" nennen, und diese wird von künftigen Personalentscheidern ebenso gerne gesehen wie die zusätzliche Vertiefung fachlicher Kenntnisse.

1.5 Volontariat

Ein Volontariat ist vor allem im Journalismus, im Verlagswesen, im Film- und Musikbusiness, in der Werbe- und PR-Branche, in Museen und Galerien ein geläufiger Ausbildungsweg. Geschützt und sauber verwendet wird der Begriff allerdings nur im Zeitungs- und Zeitschriftenjournalismus: Hier ist ein Volontär eine Art Azubi, der für zwölf bis 24 Monate mit einem festgelegten Tarifgehalt eingestellt ist und sich anschließend „Redakteur" nennen darf. Durch einen Ausbildungsplan ist geregelt, welche Abteilungen des Unternehmens ein Volontär durchlaufen muss und welche außerbetrieblichen Fortbildungskurse er auf Kosten der Firma besuchen darf.

Theoretisch kann man sich für ein solches Volontariat auch ohne Hochschulabschluss bewerben. Das ist von Arbeitgeber zu Arbeitgeber unterschiedlich. Eine weitere wichtige Zusatzqualifikation neben dem Uniabschluss sind journalistische Arbeitsproben in der Bewerbungsmappe. Aber selbst deine Artikel aus der „Passauer Neuen Presse" sind noch keine Eintrittskarte in die „Süddeutsche Zeitung": Tageszeitungen rekrutieren ihre Volontäre gerne aus der Reihe mehrjähriger freier Mitarbeiter. Bei Hörfunk- und Fernsehsendern übrigens gibt es keinen verpflichtenden Ausbildungsplan für Volontäre.

Darüber hinaus bezeichnen Unternehmen Praktika, die länger als sechs Monate dauern, gerne als Volontariate, andere taufen ihre Trainee-Programme so. Vor allem die Werbebranche schmückt ihre Gast-Helfer oft mit dem Titel Volontäre. Also: Kläre vor deiner Bewerbung, was das Unternehmen und die Branche unter einem Volontariat verstehen.

1.6 Traineeship/Trainee

Du hast im Alter von 26 Jahren gerade als jahrgangsbester Hochschulabsolvent der Wirtschaftswissenschaft die Laudatio auf deine lehrreichen Jahre an der Uni gehalten? Du hast während dieser Lehrjahre nebenher zahlreiche Praktika absolviert und bei Firmenprojekten mitgearbeitet? Und dann eine praxisbezogene Diplomarbeit geschrieben? Außerdem beherrschst du mehrere Fremdsprachen und warst sowohl ein Jahr in Sibirien, New York und Mexiko City – rein beruflich, versteht sich? Dann hast du beste Chancen, eine der begehrten Trainee-Stellen zu ergattern, die vor allem Firmen mit über 500 Mitarbeitern anbieten. Jene stecken viel Geld und Erwartungen in ihre 12- bis 24-monatigen Trainee-Programme, denn sie wollen aus vielversprechenden Talenten Führungskräfte machen.

Attraktive Trainee-Stellen sind in der Regel heiß begehrt. Um den passenden Bewerber auszuwählen, greifen die Unternehmen auf strukturierte und freie Interviews zurück. In einigen Unternehmen müssen sich die Bewerber zusätzlich in Assessment Centern bewerben: **In Assessment Centern stellen sich die Führungskräfte in Spe Situationen, die ihre**

Eignung beim Lösen unterschiedlicher Aufgaben für die künftige Stelle zeigen sollen.

Es lohnt sich, die Prozedur und schließlich die Ausbildung, bei der die Kandidaten verschiedene Fachbereiche durchlaufen, mitzumachen. Oft werden die Trainees nach dem Programm von den Unternehmen übernommen.

Doch Vorsicht: Der Begriff „Trainee" hat in der Praxis verschiedene Bedeutungen. Das klassische Trainee-Programm beinhaltet eine Ausbildungsfunktion und ist in der Regel eine Festanstellung. Firmen verwenden den Begriff gerne auch für verschiedenste Einarbeitungsphasen und für hochwertige Praktika oder Volontariate. Also: Sieh genau hin, wofür du dich bewirbst.

2
Klasse statt Masse!

Wir Deutschen sind Europameister, wenn es gilt, freiwillige Praktika zu machen. In Osteuropa beispielsweise ist es nicht so populär, welche zu absolvieren: Die Studierenden dort verdienen lieber ordentlich Geld als schlecht bezahlt in einen Beruf hineinzuschnuppern. Auch in Deutschland stehen Praktika noch nicht immer in den Lebensläufen von Berufstätigen, bis in die neunziger Jahre war es eher üblich, sein Studium durchzuziehen und sich erst danach praktisch zu orientieren. Heute allerdings weiß man: Ohne praktische Erfahrung kommt man in viele Firmen gar nicht hinein.

Doch Vorsicht: Bei vielen Berufsanfängern mündet diese pragmatische Einstellung gegenüber Praktika in übertriebenen Aktionismus. Viele Praktika bringen viele Punkte für den Berufseinstieg, scheinen einige Übereifrige zu denken. Aber: Wenn du in deinem Lebenslauf 18 Praktika aufführst, bist du zwar quantitativ spitze. Ob Personaler das als Qualitätsmerkmal betrachten, ist allerdings fraglich.

2.1 Das oberste Gebot: Qualifizierte Praktika machen!

Es geht weder darum, dass du Praktika in allen Firmen des Landkreises absolvierst, noch darum, dass du dem Chef während des Praktikums den besten Kaffee auftischst den er je getrunken hat. Was natürlich nicht heißt, dass es keine lobenswerte Zusatzqualifikation ist, wenn du Latte Macchiato kochen kannst. Entscheidender aber ist, dass es in deiner Praktikumszeit um mehr geht als die drei klassischen Ks – Kaffee kochen, Kopierer hüten, Kurierdienste machen. Bei einem ordentlichen Praktikum muss von vornherein klar sein, dass dir das Praktikum Wissenserwerb und Erfahrung bringen soll. Hauptsache ist also: Mache ein qualifiziertes Praktikum!

Das Problem hierbei: Auch ein Praktikum, bei dem du nur Kaffee kochen sollst, trägt den Deckmantel „Praktikum". Glücklicherweise jedoch gibt es einige Merkmale, die ein qualifiziertes Praktikum vorab erkennen lassen:

2.1.1 Aufgaben

Wenn du im Vorstellungsgespräch erfährst, dass du ein Jahr lang nur die Kundenadressen pflegen sollst, dann lass' die Finger von der Stelle! Tagein, tagaus eine rasch erlernbare Tätigkeit zu machen, vergeudet nur deine Lebenszeit – und das für wenig Lohn. Klar muss jeder mal eine Datei pflegen, kopieren und Kaffee kochen, aber eben nicht ausschließlich. Bei einem qualifizierten Praktikum erwirbst du komplexe Fertigkeiten, die du nicht innerhalb von fünf Minuten erlernen kannst. Deine Tätigkeit im Praktikum sollte breit angelegt sein. Ideal wäre, wenn du ein kleines Projekt übernehmen könntest, wenn du zum Beispiel die „Marktanalyse Polen" auf den neuesten Stand bringst: Du wirst dabei in das Thema eingewiesen, brauchst sicherlich immer wieder Hilfe und Zurufe, arbeitest aber auch selbstständig und kannst zeigen, was du draufhast.

2.1.2 Verantwortung

Wenn dir in deinem Praktikum nicht jeder Handgriff eingeflüstert werden muss, sondern du auch eigenverantwortlich Aufgaben erledigst – dann kannst du davon ausgehen, dass du durch dieses Learning by Doing eine Menge Fachwissen erwirbst. Natürlich darfst du Fragen stellen, wenn du nicht weiterweißt und Hilfe benötigst. Übe dich aber auch in eigenständigem Denken und Handeln.

2.1.3 Dauer

Um Projekte mitzugestalten, ist ein Praktikum, das mehrere Monate dauert, sinnvoll. Du musst hierfür schließlich erst eingearbeitet werden und das gelingt bei anspruchsvollen Aufgaben nicht von heute auf morgen. Außerdem wird dich die Firma nur fundiert einarbeiten, wenn du danach eine Weile ordentlich mitarbeitest und Ergebnisse lieferst: Es würde sich nämlich nicht rechnen, wenn du erst wochenlang alle Kollegen mit Fragen löcherst und dann „Tschüß, mein Praktikum ist vorbei" sagen musst. Die Firma wird dich in der Regel nur dann vernünftig einweisen, wenn sie auch etwas von dir hat. Erkundige dich gegebenenfalls bei deiner Uni, ob du für dein Praktikum ein Urlaubssemester beantragen kannst.

2.1.4 Ansprechperson

Wenn es in deiner Wunschfirma eine/n Praktikumsbeauftragte/n gibt, der oder die mitverantwortlich ist, dass dein Praktikum gut läuft – dann kannst du zumindest davon ausgehen, dass sich die Firma bemüht, dich fundiert auszubilden. Und das ist schon mal ein guter Anfang.

2.1.5 Lohn

Von null bis 2500 € Lohn monatlich ist bei einem Praktikum alles drin. Der Durchschnittslohn liegt nach Einführung des Mindestlohns für Praktikant:innen bei etwa 1300 €. Grundsätzlich haben Praktikanten mindestens Anspruch auf Mindestlohn – es sei denn, du schnupperst die Unternehmensluft im Rahmen eines Pflichtpraktikums, das durch die Studien-, Schul- oder Ausbildungsordnung vorgeschrieben ist. Wenn ein freiwilliges oder auch ein ausbildungs- und studienbegleitendes Praktikum länger als drei Monate dauert, müssen Chefs wiederum Mindestlohn zahlen. Er wird auch fällig, wenn das Praktikum nichts mit dem Studium zu tun hat und etwa der Sozialpädagogikstudent ein Praktikum beim Friseur macht. Wer Praktikanten engagiert, die bereits über ein abgeschlossenes Studium oder eine Ausbildung verfügen, muss in jedem Fall den Mindestlohn locker machen.

Wer Praktikanten beschäftigt, die ihre Ausbildung oder ihr Studium bereits abgeschlossen haben, muss ihnen in jedem Fall den Mindestlohn zahlen – selbst dann, wenn das Praktikum beispielsweise nur vier Wochen dauert. Wer noch keine 18 Jahre alt ist und keine abgeschlossene Ausbildung vorzuweisen hat, kann leer ausgehen.

Such dir nach Möglichkeit aber dennoch das Praktikum nicht nur nach dem Gehalt aus, sofern die Stelle qualifiziert ist. Denn vergiss nicht: Wenn's gut läuft, ebnest du dir damit den Weg für deinen späteren Berufsstart. Falls die Firma erkennt, dass der schlecht bezahlte Praktikant eine prima Arbeitskraft ist, dann fragt sie dich, ob du in den nächsten Semesterferien wieder bei ihnen arbeiten möchtest. Hier würde dann die Stunde der Gehaltsverhandlung schlagen: Du solltest jetzt sagen: „Ich komme gerne wieder, aber ich brauche ein bisschen mehr Geld." Das würdest du dann vermutlich auch bekommen. Und einige Semester später würde die Firma hoffentlich sagen: „Wir fänden es klasse, wenn du nach dem Examen hier arbeiten könntest!"

> Memo an die Unternehmen: Wer schlecht zahlt, braucht sich nicht zu wundern, wenn die besten Kandidaten bereits im Praktikantenalter zur Konkurrenz gehen. So läuft es zumindest bei einem Drittel aller Praktikanten. Memo an die Bewerber: Mach' qualifizierte Praktika! Allein die Tatsache, dass du ein Praktikum gemacht hast, hebt dich nicht von deinen Konkurrenten ab. Du kannst dich nur durch die Art, wie du deine Praktika angehst, wie zielgerichtet du auf deinen Beruf hinsteuerst, von der Masse unterscheiden.

2.2 So machst du das Praktikum zum Erfolg: Interview mit Marcel Rütten

Wer jemals selbst ein Praktikum absolviert hat, wird sich vermutlich viel besser und stärker daran erinnern können als irgendeinen Job, den man vielleicht mal gemacht hat. Und das obwohl ein Praktikum in der Regel gar nicht so lange andauert. Warum das so ist und wie das Praktikum zum Erfolg wird, hat uns Marcel Rütten verraten. Er war zuletzt Global Director Talent Acquisition & Employer Branding bei PACCOR und ist Gründer der Recruiting-Konferenz „Schicht im Schacht" sowie Blogger von HR4Good.

Du hast ein Buch für Personaler:innen über Praktikumsprogramme geschrieben. Was können Praktikant:innen aus dem Buch mitnehmen – auch wenn sie nicht die direkte Zielgruppe sind?
Sie finden mit diesem Buch heraus, welche sieben Faktoren wirklich relevant sind, um ein Praktikum als erfolgreiches Praktikum zu bewerten. Diese sind:

1. Aufgabengestaltung
2. Lernen
3. Feedback
4. Teamklima
5. Arbeitszeit
6. Führung und Betreuung
7. Vergütung

Fangen wir mit der Aufgabengestaltung an: Was sollten Praktikant:innen beachten?
In einem 3 bis 6 Monate dauernden Praktikum möchte ich Abwechslung in meinen Aufgaben. Das heißt, das Aufgabenspektrum muss viel vielfältig sein: Es muss die Realität des gewünschten Berufsfeldes widerspiegeln – ein gutes Abbild geben, von dem wie mein Job in Zukunft aussehen könnte. Außerdem darf es weder zu viel noch zu wenig an Aufgaben sein.

Wie kann ich das als Praktikant:in beeinflussen?
Ganz wichtig ist, zu Beginn die eigene Erwartungshaltung klar zu kommunizieren und diese regelmäßig zu reflektieren. Wenn das Praktikum nicht den Erwartungen entspricht, gilt es, das anzusprechen und im Zweifel sogar die Reißleine zu ziehen.

Das hängt mit dem zweiten Punkt zusammen: Lernen.
Absolut: Beim Praktikum steht das Lernen im Mittelpunkt, nicht das Geldverdienen. Als Praktikant:in verfolge ich eine Lernkurve, die das ganze Praktikum über anhält. Deswegen der Tipp: Unbedingt vorab gemeinsam ein gemeinsames Lernziel vereinbaren und dieses Lernziel am Ende jeden Tages bewerten und ggf. nachjustieren.

Heißt: Ein Praktikum hat auch einen gesellschaftlichen Auftrag.
Genau. Als Unternehmen begleite ich junge Menschen in ihrer beruflichen Ausbildung mit der nötigen Praxis – natürlich mit entscheidendem Benefit: Ich habe die Chance, junge Nachwuchstalente an die eigene Branche oder gar an die eigene Firma zu binden.

Was das unterstützt, ist regelmäßiges Feedback, um zum nächsten Erfolgsfaktor zu kommen?
Klar. Ich lerne nur etwa, wenn ich auch entsprechend Feedback dazu bekomme, ob das, was ich gelernt habe, gut umgesetzt ist oder welche Dinge ich besser machen kann. Feedback kann institutionalisiert sein – etwa in einem wöchentlichen Feedbackgespräch. Es kann auch „nebenbei" eingefordert werden: beim Lunch oder ähnlichem. Als Praktikant:in empfiehlt es sich, wo möglich nach Feedback zu fragen: nicht nur bei der Praktikumsbetreuer:in, sondern auch bei anderen Kolleg:innen oder sogar bei Mitpraktikant:innen. Genauso wichtig, wie Feedback einzufordern und anzunehmen, ist es auch, Feedback zu geben – zur Betreuung, dem Aufgabenspektrum und Co.

Das zeigt, das dem/der Praktikant:in etwas am Team und dem Unternehmen liegt.
Absolut und es zahlt auf den nächsten Erfolgsfaktor ein: Das Teamklima. Das ist extrem prägend – vor allem beim ersten Praktikum: Nach einem

guten, erfolgreichen Praktikum in einem netten, wertschätzenden Team mit regelmäßigem Feedback, bleibt mir das Unternehmen und die Branche in guter Erinnerung. Ich würde als Praktikant:in vermutlich gern weiter Team-Mitglied bleiben oder nach Abschluss der Ausbildung/des Studiums wieder werden. Wenn ich eine schlechte Erfahrung gemacht habe, steht fest: Ich komme sicher nicht wieder – auch nicht in 5 Jahren und auch nicht, wenn sich in dieser Zeit einiges zum Positiven verändert haben sollte. Denn der erste Eindruck bleibt.

Faktor 5: Arbeitszeit. Was gilt es hier zu beachten?
Auch hier gilt: Nicht zu viel, nicht zu wenig und das Lernen steht im Vordergrund. Im Praktikum ist es nicht wichtig, ob der/die Praktikant:in exakt um 08:00 Uhr startet und um 17:00 Uhr geht. Wichtig ist, dass das Gesamtvolumen der Arbeitszeit zur Erwartungshaltung der Lernkurve passt. Ich kann halt nicht sagen, ich möchte Lerninhalte von 300 h bekommen, schlage aber nur 3 h die Woche auf.

Darauf sollte auch die Führungskraft achten.
Genau. Das ist ein wichtiger Aspekt guter Führung. Wichtig ist ebenso, dass ein Praktikant oder eine Praktikantin eine:n feste:n Ansprechpartner:in hat. Es muss eine Person geben, die sagt „Ich bin während deiner Zeit hier diejenige Person, die sich um dich kümmert, falls du irgendwelche Fragen hast und dich auch inhaltlich begleitet".

Außerdem sollte sich das ganze Team einbringen, um die Praktikumszeit gut zu gestalten – Stichwort Teamklima.

Letzter Erfolgsfaktor: Gehalt. Was für eine Rolle spielt das für ein erfolgreiches Praktikum?
Für den Erfolg eines Praktikums ist das Gehalt zunächst völlig irrelevant: Es geht nicht primär ums Geldverdienen, sondern ums Lernen. Aber: Es kann nur der- oder diejenige gut lernen, die sich keine Sorgen machen muss, Kost und Logis zu stemmen. Darum geht es: Lote aus, ob du dir das Praktikum leisten kannst. Nur wenn das der Fall ist, lernst du auch.

Stichwort „Leisten können": Hat sich das Praktikum als solches in den letzten Jahren gewandelt?
Ja. Ganz deutlich mit der Einführung des Mindestlohns: Spätestens mit dieser Maßnahme haben Unternehmen das Praktikum als wichtiges Recruiting-Werkzeug ernst genommen. Die viel beklagte „Generation Praktikum" gibt es nicht mehr – genauso wenig wie Unternehmen, die Praktikant:innen als Substitute für Vollzeitstellen ausnutzen. Vielmehr ist das Praktikum als solches professionalisiert worden, um möglichst früh zukünftige Fachkräfte ans Unternehmen zu binden.

Was sich auch gewandelt hat – spätestens mit der Corona-Pandemie: Die Anzahl an Praktikantenprogrammen, die komplett remote angeboten werden. Was ist bei einem Home-Office-Praktikum zu beachten?
Das Schwierigste bei einer reinen Homeoffice-Zeit ist, dass ich als Praktikant:in nicht über das Netzwerk im Unternehmen verfüge, ich aktiv Informationen einholen muss. Homeoffice-Praktika empfehlen sich für engagierte proaktive Praktikant:innen, die wenig Hemmungen haben, auf neue Leute zuzugehen und sie anzusprechen.

Besonders Unternehmen stehen bei Homeoffice-Praktika in der Pflicht: mit einem speziellen Onboarding, einem gut geplanten, strukturierten Kennenlernen aller Fachbereiche – und das remote. Kombiniert werden sollte das mit institutionalisiertem Feedback aus den unterschiedlichen Bereichen, die man als Praktikant:in durchläuft.

2.3 Wie viele Praktika tun gut?

Manche Studenten scheinen in Sachen Praktika „viel hilft viel" zu denken, sie leben nach dem Motto „nach dem Praktikum ist vor dem Praktikum" und schreiben stolz in ihren Lebenslauf, dass sie Gärtnerpraktikant, Praktikant beim Rottaler Anzeiger, in der Pater-Weiß-Apotheke, bei einer Plattenfirma und auf einem U-Boot waren. Das alles ist zu viel des Guten, denn für welche Abteilung hat sich der fleißige

Berufsanfänger eigentlich nochmals genau beworben? – fragt dann der Personaler. Berufsberater aber sind sich einig: Studenten sollten etwa drei Praktika machen.

Das **erste Praktikum** dient der Orientierung. Wenn du dabei feststellst, dass Steuerberater doch nicht dein Ding ist, absolvierst du natürlich noch ein weiteres Schnupperpraktikum in einer Branche, die dir interessanter erscheint.

In einem **zweiten Praktikum**, vielleicht im dritten Semester, solltest du die Stichhaltigkeit deiner Berufsidee nochmals überprüfen und konkretisieren. Willst du wirklich in die Werbebranche? Und was willst du dort genau machen? Texten, Organisieren, Layouten, Kaffee kochen, Managen? Willst du in eine große Agentur oder in eine kleine Firma?

Mach dir aber andererseits auch kein schlechtes Gewissen, wenn du dieses zweite, vertiefende Praktikum erst im Hauptstudium absolvierst. Es ist in Ordnung, wenn du dich erst einige Semester im Studium einfindest und deine Zeit mit Lernen, Sport und Partys verbringst. Das hat nichts mit Bummeln zu tun, es ist menschlich und verständlich. Mit der Zeit kristallisiert sich dein Berufswunsch bestimmt heraus – durch Gespräche, Schnuppern, Studieninhalte etc. Mit diesem Ziel vor Augen wird es dir – hoffentlich im Hauptstudium – dann auch leichter fallen, dich zu fokussieren und mit Firmen in Kontakt zu treten.

Wenn nach dem zweiten Praktikum klar ist: Das ist die Branche, in der du später deine Brötchen verdienen willst, dann solltest du im Hauptstudium – ja, was solltest du dann eigentlich? Das ist eine schwierige Frage, denn genau hier scheiden sich die Geister. Manche würden dir raten, auch ein **Praktikum in einem fachfremden Tätigkeitsbereich** zu absolvieren. Man baue damit berufliche Alternativen auf und signalisiere im Lebenslauf Flexibilität.

Andere finden es optimal, wenn sich im Lebenslauf ein roter Faden erkennen lässt. Die Studienfachwahl gibt die Richtung vor, in die auch die drei Praktika gehen. Das Ganze wird mit einer passenden Abschlussarbeit gekrönt. In jedem Fall sollen die Studierenden nicht zufällig in ihre Praktika stolpern: Sie sollten sich ihre Stellen bewusst aussuchen, damit kein Eindruck von Beliebigkeit entsteht. So ein Eindruck entsteht aber, wenn jemand fünf oder sechs Praktika gemacht hat – und jedes irgendwo anders.

> **Beispiel**
>
> Hier ein Beispiel eines Idealfalls: Julia L. studiert Kommunikationswissenschaft. Sie könnte sich vorstellen, später eine Unternehmenskommunikation mitzugestalten. Also macht sie ein Praktikum in einer Firma, in der fähige Leute für die Kommunikation verantwortlich sind. Als Praktikantin stellt Julia fest, dass es Agenturen gibt, die Kommunikation im Auftrag der Unternehmen machen. Das nächste Praktikum absolviert sie in einer solchen Agentur. Julia lernt, dass es zwar viele Überschneidungen mit der Arbeit in einer Firma gibt, aber dass die Agenturarbeit doch nochmals eine andere ist. Weil die Agenturen Artikel in der Presse platzieren sollen, macht Julia ein Praktikum bei einer Tageszeitung, um die andere Seite der Branche besser kennenzulernen. Dass sie dabei ein wenig Schreiben und Recherchieren lernt, nützt ihr auch bei der Agenturarbeit. Julia hat mit ihren Praktika ein rundes, zielgerichtetes Bild von sich selbst entworfen. Später im Bewerbungsgespräch sieht der Personalleiter, dass sich Julia Gedanken darüber gemacht hat, was alles zu ihrem künftigen Aufgabenbereich gehört.

Ein fachfremdes Praktikum kann die Chancen beim Berufsstart verbessern. Der Grund: Mit einer breiten Qualifikation nach dem Examen, kannst du die Chancen nutzen, die sich gerade auf dem Arbeitsmarkt bieten. Der Arbeitsmarkt verändert sich rasch und es entstehen neue Tätigkeitsbereiche. Für Physiker beispielsweise in der Systemberatung. Dazu sollte man in fachfremde Tätigkeiten, wie Beratung, Marketing und Öffentlichkeitsarbeit, hineingeschnuppert haben. Sei es durch ein Praktikum, aber auch durch Kurse. Wenn es in dem ursprünglich geplanten Arbeitsbereich keine freien Stellen gibt, kann man sogar in Bereichen unterkommen, in denen man unabhängig vom Studienfach arbeiten kann – zumindest vorübergehend, um die Zeit zu überbrücken und um Kontakte zu bekommen. Und wer weiß, vielleicht gefällt dir ein fachfremder Bereich sogar. Wichtig hierbei: Überlege dir vorher, was genau dir das fachfremde Praktikum an relevanten Erfahrungen bietet. Du musst für dich begründen können, warum es für deinen eigentlichen Arbeitsbereich sinnvoll ist.

Du solltest dir also überlegen, ob ein fachfremdes Praktikum in deinen Lebenslauf passt oder ob du lieber tiefer in eine Branche einsteigst. Überleg dir vielleicht, wie du bei einem späteren Vorstellungsgespräch argumentieren willst – und welche Art von Praktika dann am besten zu dir passt. Wie du dich auch entscheidest: Ein viertes oder fünftes Praktikum brauchst du wirklich nicht mehr machen. Dein Profil ist jetzt rund, deine Ziele offensichtlich. Falls du dich aber doch dazu hinreißen lassen solltest, einige Praktikanten-Scheine mehr anzuhäufen – dann gib in deinem Lebenslauf besser nicht alle Stellen an, sondern wähle die aus, die am besten zur angestrebten Firma passen.

3

Hier findest du dein Praktikum!

Man könnte behaupten: „Kluge Menschen suchen sich die Erfahrungen selbst aus, die sie zu machen wünschen". Aber wo könnten diese klugen Menschen ihre Erfahrungen denn genau finden? Wir hoffen: über den „Praktikumsknigge".

3.1 „Vitamin B" – Das Netzwerk

Vitamin B – wie „Beziehungen": Wenn du jemanden kennst, der einen kennt, der einen kennt …, dann hast du wahrscheinlich schon gewonnen und musst dich nicht mehr mit Bewerbungsmodalitäten herumschlagen. Wenn deine Eltern, Nachbarn, die Eltern deiner Freunde etc. in einer spannenden Firma angestellt sind, die grundsätzlich mit Praktikanten arbeitet, kannst du vermutlich auf der Stelle anfangen.

3.2 Printmedien

Firmen suchen ihre künftigen Praktikanten gerne über Anzeigen in zielgruppenorientierten Zeitschriften, etwa in „karriere" oder und in „Unicum", dem kostenlosen deutschlandweiten Studentenmagazin oder in Branchenmagazinen bzw. in Fachmagazinen. Auch ein Blick in universitäre Publikationen könnte sich für Praktikumssuchende rentieren. Der Stellenteil in Tageszeitungen dagegen richtet sich meist an Absolventen und erfahrene Arbeitskräfte – und nicht an Praktikanten in Spe.

3.3 Internet

Wenn du bei „Google" den Begriff „Praktikum" eingibst, spuckt die Suchmaschine mehr als 213 Mio. Ergebnisse aus. Der findige Internet-User aber weiß: „Ich muss zielgerichteter suchen", und klickt sich durch eine der virtuellen Praktikumsbörsen. Und bald merkt er: Diese Börsen sind sehr unterschiedlich gepflegt; vor allem in Sachen Anzahl und Aktualität der angebotenen Stellen unterschieden sie sich massiv voneinander, und auch bei Genauigkeit der Stellenbeschreibung. Das Wichtigste für dich ist also, dass du prüfst, ob das Angebot überhaupt noch gültig ist, bevor du dich als Praktikantin bewirbst. Auf gut gepflegten Praktikumsbörsen ist das Datum angegeben, ab dem das Angebot gilt – und ab wann eine Bewerbung keinen Sinn mehr macht. Hier eine Auswahl gut gepflegter, tagesaktueller Praktikumsbörsen mit Eingabemasken, die eine passgenaue Suche erleichtern:

- www.karriere.unicum.de Im UNICUM Karrierezentrum finden Schüler/innen, Student/innen und Absolventen spannende Praktikumsstellen, vom lokalen Start-Up bis zum internationalen Großkonzern.
- www.monster.de: App – und weg. Du kannst bei Monster online oder auch über eine App nach deiner Traumstelle suchen.
- www.jobstairs.de: Dass sie „Jobs.Gut.Finden" – damit wirbt Jobstairs.de.

- www.praktika.de: Auch auf praktika.de sind großartige Top-Unternehmen zu finden.
- www.stepstone.de/praktika: Ein alter Hase unter den Stellenbörsen: Stepstone wurde 1996 in Oslo gegründet.
- www.chancen.net: chancen.net ist der Online-Stellenmarkt der „Frankfurter Allgemeinen Zeitung".
- www.praktikumsstellen.de: Neben aktuellen Stellenanzeigen bekommst du auf praktikumsstellen.de auch viele nützliche Informationen zu Bewerbung, Status und Alltag als Praktikant.
- www.linkedin.de/jobs: Natürlich sind auch die sozialen Netzwerke voll mit Stellenangeboten, schau dich gerne auf XING, Facebook, Instagram, TikTok und dem seriösen LinkedIn um. Auf LinkedIn ist auch die gezielte Suche nach Praktikumsstellen möglich.

3.4 Professorenkontakte/Schwarzes Brett

Größere Firmen bandeln gerne mit Hochschulen an: Sie gehen gemeinsame Forschungsprojekte an, die Firmen liefern Dozent:innen für praxisnahe Vorlesungen und werten dadurch das eigene Image auf, sie kontaktieren schlauen Nachwuchs, und so weiter, und so fort. Frag also bei deinen Dozenten nach, ob solche Kontakte zur Wirtschaft bestehen und ob du diese für ein Praktikum nutzen kannst. Ansonsten schau aufs Schwarze Brett deiner Uni: Dort suchen viele Firmen ihre Praktikanten, weil sie sicher sein können, darüber Studenten mit passender Eignung zu finden. Solche Schwarzen Bretter sind oft auch online abrufbar. Ein Blick auf die Homepage deiner Fakultät könnte sich daher lohnen.

3.5 Unternehmenswebsites

www.siemens.de, www.bmw.de, www.bavaria-film.de: Mit einem Klick auf die Homepage deiner Traumfirma findest du meist schnell heraus, ob gerade ein Praktikantenplatz frei ist. Gerne greifen Firmen beim Publizieren ihrer Stellenangebote auf ihre eigene Webseite zurück: Billiger und schneller können sie nirgendwo sonst ihren Bedarf anmelden. Und die

Personaler freuen sich über Bewerbungen, die über ihre Homepage zustande kommen: Die Bewerber haben in diesen Fällen vermutlich ein ehrliches Interesse an genau dieser Firma – sonst hätten sie kaum die Internetseite besucht. Also: Surf' auf www.xy-firma.de, klick dich durch die Menüpunkte „Jobs", „Career" oder „Jobs & Karriere", und picke dir das interessanteste Praktikumsangebot heraus.

3.6 Praxisinitiativen und Career Center

An vielen Hochschulen vermitteln Initiativen den Studenten das, was in theorielastigen Studiengängen oft aus dem Blick gerät: Berufsorientierung und renommierte Praktika.

> **Beispiele**
> - Praxis & Beruf an der Universität Tübingen (siehe: https://www.praxisportal.uni-tuebingen.de), unterstützt Studierende bei der Berufsorientierung und gibt Hilfestellungen bei der Praktikumssuche durch Kontaktaufnahme und -pflege mit Unternehmen und Organisationen.
> - Der „Career Service" an der Münchener Ludwig-Maximilians-Universität (siehe: https://www.lmu.de/de/workspace-fuer-studierende/career-service) unterstützt ein Netzwerk aus Expert/innan aller Branchen Studierenden, sich auf den Berufseinstieg vorzubereiten.

3.7 Fachmessen

Absolventen-, Job-, Praktika- und Recruiting-Messen sind ein Parkett für die große Berufschance: Die Unternehmer zeigen hier ihre Flagge, und du hast die Chance, mit Top-Unternehmen von Aldi bis ZDF zwanglos auf Tuchfühlung zu gehen. Aber Achtung: Es gibt keine zweite Chance für einen ersten Eindruck. Überlege dir deshalb vorher, was du an diesem Tag anziehst, und mach dir auch schon Gedanken, welche Fragen du den Unternehmen stellen möchtest und was du selbst anzubieten hast.

Neben der Möglichkeit, Gespräche zu führen, kannst du an den Messe-Ständen auch Informationen über Praktika, Diplomarbeiten, Stellenangebote und Einstiegsgehälter einholen. Mit mehr als 200 teilnehmenden Unternehmen und 15.000 Jobangeboten findet eine der relevantesten Veranstaltungen in Deutschland der Absolventenkongress in Köln statt – jährlich im November; etwas dezimiert finden derartige Events unter derselben Marke „Absolventenkongress" auch regional statt, etwa in München und Essen. Generell gibt es in den meisten Unistädten Jobmessen: Die „Contacts" in Kiel beispielsweise oder die „Horizon" in Stuttgart.

4

Hier bin ich! Von der richtigen Eigenwerbung

Inzwischen weißt du, warum du ein Praktikum machen willst, welche Art von Praktikum für dich in Frage kommt und bei welcher Firma du dich vorstellen möchtest. Und daher wird es jetzt ernst: Jetzt musst du einen Werbefeldzug in eigener Sache starten, damit die Firma merkt: du bist der Praktikant, den sie schon immer gesucht hat.

4.1 Vorab-Erkundigungen

Bevor du deine Bewerbung schreibst, kannst du vorab Kontakt mit der Firma aufnehmen. Besonders dann, wenn du dich bewerben willst, obwohl die Firma keine freien Praktikantenplätze ausgeschrieben hat. Du willst schließlich wissen, ob es sich lohnt, Zeit und Mühe in die Bewerbung zu stecken. Außerdem entstehen manche Praktikumsplätze erst dadurch, dass sich Studierende dafür interessieren. Vor allem kleine und mittelständische Unternehmen nehmen sich oft nicht die Zeit zur aktiven Akquise.

Aus welchem Grund auch immer du vorab Fragen stellst – du hast dabei die Chance, bei deinem künftigen Chef einen ersten guten Eindruck zu hinterlassen.

4.2 Bewerben – Wann und wie?

Du weißt, wo du dein Praktikum absolvieren willst? Dann gilt es jetzt, von deiner Seite aus verbindlich zu werden – und der Firma ein Werbeschreiben in eigener Sache zukommen zu lassen: deine Bewerbung. Die Bewerbung für ein Praktikum ist nicht wesentlich anders als die um eine Festanstellung – nur: Kürzer fassen solltest du dich.

Die Konkurrenz schläft nicht: Der Großteil aller Praktikumsanwärter beginnt seine Suche nach der richtigen Stelle drei bis sechs Monate vor dem gewünschten Starttermin. Bei hoch begehrten Praktika, beispielsweise bei der „Süddeutschen Zeitung", kann es auch nötig sein, dass du dich Jahre vorher bewerben musst und schließlich auf einer Warteliste landest. Das sind Extremfälle. Extremfälle gibt es aber auch andersherum: Es kann dir beim Erstkontakt passieren, dass es heißt: „Fangen Sie am besten gleich gestern bei uns an." Vieles geschieht bei Unternehmen spontan. Wenn die Firma mitten in einem Projekt merkt: „Mit einem solch enormen Aufwand haben wir nicht gerechnet!", dann sucht sie hierfür oft kurzfristig Praktikanten. Die Anzeige hierfür wird schnell ins Netz gestellt.

Deshalb: Überlege dir, ob du auch kurzfristig als Praktikant einspringen kannst; ansonsten plane deine Bewerbung einige Monate vor dem gewünschten Praktikumsstart. Natürlich kannst du bei einer Bewerbung auch viele Konkurrenten ausschalten, wenn du dir beispielsweise während des Semesters Zeit freihältst: viele Universitäten würden dich hierfür beurlauben.

In manchen Branchen aber kannst du dir den Zeitpunkt deines Praktikums nicht aussuchen. Im Gartenbau dürftest du eher nur saisonal eingesetzt werden können, ebenso in einem Ferienhotel auf Mallorca.

4.2.1 Die Bewerbungsunterlagen

4.2.1.1 Grundsätzliche Bewerbungsarten

Soll ich in meiner Bewerbung beim Bayerischen Rundfunk meine selbst geschnittenen TikTok-Videos verlinken? Und soll ich für meine Bewerbung an Legoland meine Baukünste über Fotos dokumentieren? Halt, stopp: Leider sind deine Vorstellungen einer perfekten Bewerbungsform zweitrangig. Du solltest dich in der Form bewerben, die das Unternehmen wünscht. Wenn sich der Wunsch nach einer bestimmten Form nicht aus der Anzeige oder der Firmenwebsite ergibt, dann erkundige dich beim Unternehmen.

Hier ein Überblick über Bewerbungsformen:

- Klassische Bewerbung per E-Mail oder Mappe: Eine klassische Bewerbung umfasst das Anschreiben, den Lebenslauf mit Foto und Anlagen wie Zeugnisse und Arbeitsproben. In den allermeisten Fällen schickst du diese Unterlagen per E-Mail an die Unternehmen. Doch Achtung, es kann auch sein, dass Unternehmen noch eine klassische Bewerbungsmappe aus Papier bevorzugen. Laut einer Statista-Umfrage aus 2019 ist das noch bei 30 % der Personaler der Fall.
- Online-Bewerbung: Bei der Online-Bewerbung gilt es, ein Online-Formular auf dem Bewerberportal der Website der Firma auszufüllen. In der Regel füllst du dabei vorgegebene Felder aus, deine Unterlagen kannst du wenn, dann per PDF hochladen oder zusätzlich per E-Mail schicken. Achtung: Formuliere genauso achtsam wie bei der klassischen Bewerbung, ohne Abkürzungen und Flapsigkeiten, fülle alle Formulare aus, nutze Freitextfelder, um deine Persönlichkeit und Motivation darzustellen – und prüfe vor dem Absenden nochmals alles, damit du keine Fehler verschickst.
- Initiativbewerbung: Viele Unternehmen schreiben ihre freien Praktikantenplätze nicht aus, weil sie ohnehin genügend Anfragen bekommen. Oder sie nehmen eine interessante Bewerbung zum Anlass, eine Stelle zu schaffen. Um zu erfahren, ob die Firma Praktikanten einstellt, musst du dich initiativ bewerben: Du rufst am besten bei der Firma an (siehe auch S. CC), und stellst dich kurz vor. Wenn du jetzt aufgefordert wirst, deine Unterlagen zu schicken, solltest du klären, wie ausführlich deine Bewerbung sein soll. Eine Initiativbewerbung ist in der Regel erfolgversprechender und kostensparender als eine Blindbewerbung.
- Blindbewerbung: Wenn du im Internet surfst und feststellst: „Aha, im Schneiderei-Gewerbe gibt es in der Stadt die Firmen Mayer, Müller,

Huber und Gruber", und dann allen auf gut Glück deine Unterlagen mailst, dann ist das eine Blindbewerbung. Du bewirbst dich hierbei nach dem Gießkannenprinzip und steckst viel Zeit in die Bewerbung. Deine Erfolgschance aber ist minimal, denn du weißt kaum etwas über die Firma, du weißt nichts über die gewünschte Bewerbungsform und den Bedarf an Praktikanten. Während bei der Initiativbewerbung der Aufwand erst einmal größer erscheint, weil man im Vorfeld all jene Informationen recherchieren muss, wirst du weniger frustriert vom Ergebnis sein, weil dir vorab gesagt wird, wie du dich verhalten sollst.

- Kreativbewerbung: Bei den meisten Bewerbungen macht eine Kreativbewerbung keinen Sinn. Denkbar wäre sie in den Bereichen: Design, Architektur, Werbung. Oder bei einer Firma von 20-jährigen, woken Jungunternehmern. Sonst aber kommst du eher nur dann gut an, wenn du dich an die formalen Regeln hältst. Außerdem: Kreativbewerbungen machen auch nur dann Sinn, wenn du auch sonst kreativ bist. Du solltest bei der Bewerbung authentisch bleiben. Es bringt dir gar nichts, wenn du eine sehr außergewöhnliche Bewerbung verschickst, aber dir kreatives Arbeiten ansonsten nicht liegt.
- Bewerbung per Messenger/Social Media: Gerade bei Praktikums- und Ausbildungsstellen reagieren die meisten Unternehmen auf die Anforderung der Zielgruppe, dass eine Bewerbung schnell, einfach und mobil per Smartphone vonstatten gehen sollte. Bewerben per WhatsApp gehört bei vielen schon zum Standard, TikTok ist auch schon hoch im Kurs. Alternativen: Bewerben per Chatbot auf der Karriereseite. Ein klassisches Anschreiben erübrigt sich in solchen Fällen. Der Fokus liegt auf dem Lebenslauf und Antworten auf bestimmte Fragen.

4.2.1.2 Die schriftliche Bewerbung

Pro Jahr gehen bei Großunternehmen Tausende von Praktikumsbewerbungen ein. Kein Wunder, dass zwei Drittel aller Interessenten mehr als sechs Bewerbungen verschicken müssen, bis sie eine Zusage bekommen. Für dich bedeutet das: Erstelle eine Bewerbung, die den Personaler dazu bringt, dich unbedingt kennenlernen zu wollen. Nimm dir alle Zeit, die du hierfür brauchst, auch wenn es dich einige Tage kostet.

Ob eine Bewerbung via E-Mail oder ob via analoger Bewerbungsmappe gewünscht ist, ändert grundsätzlich nichts an der Zusammenstellung deiner Unterlagen. Es gibt allerdings zwei Unterschiede.

4.2.1.2.1 Deckblatt/Betreff/E-Mail-Text

Bei der Mappe, die gerne ein Schnellhefter sein darf, brauchst du ein Deckblatt. Darauf stehen nur dein Name und deine Adresse sowie etwa in großen Lettern: „Bewerbung um die Praktikumsstelle in der Personalabteilung von J. K. Müller". Packe gern noch dein Bewerbungsfoto dazu – und formatiere alles ansprechend als Titel-Cover für deine Bewerbung.

Bei der E-Mail-Bewerbung musst du an den Betreff und den Text in der E-Mail denken. Der Betreff lautet etwa: „Bewerbung um ein Praktikum in der Personalabteilung von J. K. Müller". Als Text könntest du theoretisch auch den des Anschreibens einfügen, wovon aber eher abzuraten ist: Das Anschreiben ist zu wichtig, als dass es hier (kurz und knapp) hineingepackt wird. Sollte sich dein künftiger Arbeitgeber außerdem die Anlagen ausdrucken, würde das Anschreiben fehlen – oder im E-Mail-Format auftauchen. Schade drum – richtig im Anhang formatiert sieht es besser aus. Daher: Du könntest einen Text wie diesen als E-Mail-Text formulieren:

> **Beispiel**
>
> Sehr geehrte Frau Müller,
>   anbei erhalten Sie meine Bewerbung für Ihre ausgeschriebene Praktikantenstelle. Warum ich hochmotiviert bin, für Sie zu arbeiten, und wie Sie auch von meinen Kenntnissen und Fähigkeiten profitieren können – das entnehmen Sie meinen angehängten Bewerbungsunterlagen.
>   Ich freue mich, Sie im Vorstellungsgespräch kennenzulernen.
>   Mit freundlichen Grüßen
>   Name

4.2.1.2.2 Adresse

In die Mail beziehungsweise in die Mappe gehören in folgender Reihenfolge, die du entweder als PDF in den Anhang packst oder hinter dem Deckblatt einordnest:

- Das Anschreiben
- Der Lebenslauf mit Foto
- Zeugnisse und Arbeitsproben, wenn vorhanden

4.2.1.2.3 Das Anschreiben

Das Anschreiben ist der schwierigste Teil der schriftlichen Bewerbung – aber oft der entscheidende. Zumindest kannst du dich damit von Mitbewerbern mit gleicher Qualifikation abheben. Mach dir bewusst: Das Anschreiben ist vermutlich das erste, was dein künftiger Personaler liest. Es sagt ihm, wer du bist, was du willst und warum du der Firma nutzen kannst. Manche Unternehmen verzichten bei der Bewerbung auch auf ein Anschreiben – und konzentrieren sich stattdessen ausschließlich auf den Lebenslauf.

Halte dich bei der Form an folgende Regeln:

- Tippe den Text in einer gut lesbaren Schrift, zum Beispiel in Arial oder Times New Roman, und zwar auf einem weißem, neutralem Din-A-4-Papier. Wähle die Schriftgröße 12 Punkt.
- Schreibe bestenfalls nicht mehr als eine Seite.
- Lass Freunde Korrektur lesen: Rechtschreibfehler sind vermeidbar. Es macht einen schlechten Eindruck, wenn darin Fehler sind, Kleckse oder Knicke.
- Spar dir Hervorhebungen – außer bei der Betreff-Zeile.
- Versuche, den Text gleichmäßig über die ganze Seite zu verteilen, und lass nicht zu viele kleine Absätze und Lücken entstehen.

Das Anschreiben sollte folgendermaßen aufgebaut sein:

Oben links steht der Absender, und zwar inklusive der kompletten Adresse, der Handynummer und der E-Mail-Adresse. Gib letztere allerdings nur an, wenn du deine E-Mails täglich abrufst. Und richte dir hierfür eine seriöse E-Mail-Adresse ein. Schickst du dein Anschreiben per Mail verzichtest du auf die Angaben und fängst direkt mit der Ansprache an.

> **Beispiel**
>
> Tim Lorenz
> Humboldtallee 17
> 37073 Göttingen
> Telefon: 0551/4 73 78
> Mobil: 0175/4 92 83 83
> E-Mail: tim.lorenz@gmail.com

Darunter lässt du zwei Zeilen frei und schreibst dann die Adresse des Empfängers an den linken Rand. Adressiere den Brief an die Person, die in der Stellenanzeige genannt ist. Falls kein Personalverantwortlicher angegeben ist oder du eine Initiativbewerbung schreibst, erkundige dich vorab telefonisch, wer dein Ansprechpartner ist. Achte penibel darauf, dass du dessen Namen richtig schreibst: du willst schließlich auch „Hans" und nicht „Haus" genannt werden.

> **Beispiel**
>
> Unterfränkisches Dialektinstitut
> Frau Dr. Sabine Krämer-Neubert
> Am Hubland
> 97074 Würzburg

Das Datum steht rechtsbündig zwischen der Empfängeranschrift und der Betreffzeile: „Göttingen, den 12. Oktober 2023".

Das Wort „Betreff" gilt als veraltet. Schreib stattdessen schlicht: „Bewerbung um ein Praktikum im Unterfränkischen Dialektinstitut" in die Betreff-Zeile, die am linken Rand beginnt und zwischen die Empfängeradresse und das eigentliche Anschreiben gehört. Schreib die ganze Zeile in gefetteten Buchstaben: Hier steht, um was es dir konkret geht. Du kannst auch zwei Betreff-Zeilen schreiben: Falls du dich in deiner Bewerbung auf eine Anzeige oder ein Telefonat beziehst, solltest du das hier erwähnen.

Jetzt folgt die Anrede. „Sehr geehrte Damen und Herren" aber ist tabu. Auch hier gilt: Sprich den Empfänger mit Namen an: „Sehr geehrte Frau Dr. Krämer-Neubert".

Zur „Sehr geehrten" gibt es kaum Alternativen. Möglich ist „Guten Tag, Frau Dr. Krämer-Neubert" – könnte aber je nach Gegenüber zu flapsig daherkommen. Ein „Hallo" ist zu persönlich. Einem konservativen Personaler könntest du damit auf den Schlips treten. Setze mit Anrede und Schlusssatz einen Standardrahmen, mit dem du zeigst, dass du die formalen Regeln beherrschst. Dein eigenes Profil baust du im Text dazwischen auf:

Formuliere den Text deines Anschreibens klar und knapp, mache keine Schachtelsätze. Der Personaler soll verstehen, was du schreibst, ohne um die Ecke denken zu müssen. Wenn es sich vermeiden lässt, sollten deine Verben nicht im Passiv stehen, versuche aber, Substantive durch Verben zu ersetzen. Formuliere lebendig und persönlich, spare dir leere Floskeln. Und sei vorsichtig mit Fremdwörtern, die du nicht hundertprozentig verstehst. Falls du mit deinem Text keine ganze Seite füllst, ist das in Ordnung. Blase deinen Text jedenfalls nicht mit Nichtigkeiten auf, nur, um eine Seite zu füllen. Siehe auch: Punkt „Inhalt".

Etwa vier, fünf Zeilen vor Seitenende verabschiedest du dich „mit freundlichen Grüßen" oder „mit herzlichen Grüßen" – und unterschreibst mit Vor- und Familiennamen, mit blauer oder schwarzer Tinte oder Kugelschreiber – oder nur mit deinem Namen, falls du eine reine Textmail verschickst.

Anlagen werden heutzutage nicht mehr einzeln aufgelistet, du solltest lediglich das Wort „Anlagen" an den Rand links unten schreiben.

Die prominenteste Stelle deiner Bewerbung ist der erste Satz deines Anschreibens. Pack den Satz daher nicht mit leeren Worten voll wie „mit Interesse habe ich ihre Stellenanzeige in der Süddeutschen Zeitung gelesen. Hiermit möchte ich mich um eine Praktikantenstelle bewerben". Damit beeindruckst du den Personaler nicht: Er weiß doch, dass du die

Anzeige gelesen hast. Mit einem solchen Satz langweilst du ihn. Bedenke, dass er für diese freie Praktikantenstelle dutzende oder hunderte von Bewerbungen sichtet, die voller Standard-Floskeln sind. Du kannst ihn aber dazu bringen, in Jubel auszubrechen, wenn du ihm neue, andere, wohl überlegte Formulierungen lieferst. Dies gelingt dir gut, wenn du das stärkste Argument, das für dich spricht, an den Anfang setzt. Nenne das zweitstärkste als zweites, das drittstärkste als drittes – und zwar die stärksten Argumente aus Sicht des Praktikumsanbieters. Was glaubst du, wie überrascht der Personaler ist, der plötzlich ein Anschreiben auf den Tisch bekommt, in dem sich der Bewerber Gedanken macht, wie er der Firma nutzen kann?

Damit du weißt, welche deiner Fähigkeiten gefragt sind, analysiere die Stellenanzeige oder die Homepage der Firma nach folgenden Gesichtspunkten: Wie kannst du dich einbringen? Welche Projekte könnten dir liegen? Zeige, dass du dich mit den Zielen des Unternehmens auseinandergesetzt hast – und dass du es höchst spannend findest.

Beispiel

„gerne würde ich als Praktikant in Ihrem Dialektinstitut mitarbeiten. In meinem Studium habe ich mir das Handwerkszeug zur Analyse von Sprache erworben. Ich bin höchst motiviert, dieses in der Praxis auszuprobieren und weiterzuentwickeln."

Dein künftiger Chef wird begeistert sein: Du hast das nötige Fachwissen für die Stelle und könntest ein sehr engagierter Praktikant sein. Einem solchen Mitarbeiter bietet er sicherlich gerne im Gegenzug eine kleine Ausbildung an. Außerdem warst du selbstbewusst: Du weißt was du kannst. Du hast aber nicht über deine „hervorragenden Fachkenntnisse" geschrieben – und das ist gut so. Denn mit Prahlerei schießt du übers Ziel hinaus. Wenn, dann musst du – beispielsweise in einer Bestätigung für ein absolviertes Seminar – einen Dritten schreiben lassen, wie „hervorragend" du arbeitest.

Beschreibe nach diesem ersten Absatz deine Ausbildungsdaten: Was hast du gemacht, wo stehst du jetzt, was machst du sonst?

> **Beispiel**
>
> „Ich studiere im 5. Semester Sprachwissenschaft an der Georg-August-Universität Göttingen und habe gerade erfolgreich meine Zwischenprüfung absolviert. Als wissenschaftlicher Mitarbeiter am Lehrstuhl für allgemeine Sprachwissenschaft habe ich für das Projekt „De Frosch gaad usem Glaas" gemeinsam mit Kommilitonen Interviews mit Dialektsprechern aus der Schweiz ausgewertet, um herauszufinden, wie sie beschreiben, wo sich jemand aufhält."

In diesem letzten Satz hast du nicht auf blutleere Formulierungen wie „ich bin teamfähig und engagiert" zurückgegriffen. Du hast dich vielmehr greifbar gemacht und Teamfähigkeit und Engagement anhand von Beispielen beschrieben.

Als nächstes solltest du dein Berufsziel ansprechen: Warum studierst du dein Fach? Warum willst du gerade dieses Praktikum absolvieren?

> **Beispiel**
>
> „Den Schritt in die Sprachwissenschaft als Hauptberuf würde ich am liebsten bei einem Dialektinstitut tun. Vor allem die Dokumentation verloren geglaubter Mundart-Dialekte reizt mich dabei. Die Spuren historischer Redeweisen in kleinsten und abgelegensten Dörfern zu finden und zu einer „alten" Sprache zusammenzufügen, betrachte ich als spannende Herausforderung."

Und warum willst du gerade im Unterfränkischen Dialektinstitut Praxiserfahrung sammeln? Was findest du spannend an der Abteilung, für die du anheuerst? Ein Unternehmen schätzt Mitarbeiter, die sich gezielt bewerben – im Gegensatz zu jenen, die einfach irgendeine Stelle haben wollen.

> **Beispiel**
>
> „Ein Praktikum im Unterfränkischen Dialektinstitut erscheint mir für meine berufliche Weiterbildung besonders interessant: Sie erforschen eine der hierzulande wichtigsten Mundartgrenzen, die zwischen dem Oberdeutschen und dem Mitteldeutschen. Ich habe über diese Grenze ein Seminar an der Uni besucht, und würde meine Kenntnisse hierüber gerne theoretisch und praktisch vertiefen."

Jetzt kommen noch deine Wünsche zu Zeit und Dauer des Praktikums dran:

> **Beispiel**
>
> „Ist es möglich, bei Ihnen ein Praktikum, am besten in den Semesterferien von 1. März bis 15. Mai, zu absolvieren? Falls gewünscht, kann ich es gerne im Herbst fortsetzen."

Verzichte im Schlusssatz auf „würde" und „möchte"-Konstruktionen. Du bist kein Bittsteller. Schreibe stattdessen etwa:

> **Beispiel**
>
> „Ich freue mich über eine Einladung zum Vorstellungsgespräch. Mit herzlichem Gruß, Tim Lorenz."

Aber aufgepasst! Dies war nur ein Anhaltspunkt: Du musst dir nämlich selbst überlegen, wie du deine Bewerbung auf deine Traumstelle maßschneiderst, denn: Der schlimmste Fehler, den Jugendliche bei ihren Bewerbungen machen können, ist, dass sie Bewerbungen aus Ratgebern komplett abschreiben. Manche Bewerber haben Angst davor, die Rituale der Erwachsenen nicht zu erfüllen. Sie glauben, das Wichtigste sei, sich an formale Pflichten zu halten – und sie ignorieren, dass eine Bewerbung die individuelle Präsentation ihres eigenen Profils und der eigenen Bewerberpersönlichkeit darstellt. Aber auch 16- und 18-jährige, die individuelle Bewerbungen schreiben und auf die Faktenlage der Firma eingehen, können extrem starke Bewerbungen schreiben.

> **Beispiel**
>
> Tim Lorenz
>   Humboldtallee 17
>   37073 Göttingen
>   Telefon: 0551/4 73 78
>   Mobil: 0175/4 92 83 83

> E-Mail: tim.lorenz@gmail.com
> Unterfränkisches Dialektinstitut
> Frau Dr. Sabine Krämer-Neubert
> Am Hubland
> 97074 Würzburg
> 12. Oktober 2023
> Bewerbung um ein Praktikum im Unterfränkischen Dialektinstitut
> Ihre Anzeige vom 10. Oktober in der Süddeutschen Zeitung
> Sehr geehrte Frau Dr. Krämer-Neubert,
> gerne würde ich als Praktikant in ihrem Dialektinstitut mitarbeiten. In meinem Studium habe ich das Handwerkszeug zur Analyse von Sprache kennengelernt. Ich bin höchst motiviert, dieses in der Praxis auszuprobieren und weiterzuentwickeln.
> Ich studiere im 5. Semester Sprachwissenschaft an der Georg-August-Universität Göttingen und habe erfolgreich meine Zwischenprüfung absolviert. Als wissenschaftlicher Mitarbeiter am Lehrstuhl für Allgemeine Sprachwissenschaft habe ich für das Projekt „De Frosch gaad usem Glaas" gemeinsam mit Kommilitonen Interviews mit Dialektsprechern aus der Schweiz ausgewertet, um herauszufinden, wie sie beschreiben, wo sich jemand aufhält.
> Den Schritt in die Sprachforschung als Hauptberuf würde ich am liebsten bei einem Dialektinstitut tun. Vor allem die Recherche und Dokumentation verloren geglaubter Mundart-Dialekte reizt mich dabei.
> Ein Praktikum im Unterfränkischen Dialektinstitut erscheint mir für meine berufliche Weiterbildung besonders interessant. Sie erforschen eine der hierzulande wichtigsten Mundartgrenzen, die zwischen dem Oberdeutschen und dem Mitteldeutschen. Ich habe über diese Grenze ein Seminar an der Uni besucht, und würde meine Kenntnisse hierüber gerne theoretisch und praktisch vertiefen.
> Ist es möglich, bei Ihnen ein Praktikum – am besten in den Semesterferien von 1. März bis 15. Mai – zu absolvieren?
> Ich freue mich über eine Einladung zum Vorstellungsgespräch.
> Mit freundlichen Grüßen
> Tim Lorenz
> Anlagen

4.2.1.2.4 Der Lebenslauf

Prinz Harry hat's getan, Michelle Obama hat's getan, Dieter Bohlen hat's getan, und auch du kannst eine Autobiografie schreiben – aber bitte nicht in deiner Bewerbung. Komm schnell zum Punkt: Dein Lebenslauf soll den Personalentscheider schnell und übersichtlich über deinen persönlichen und beruflichen Werdegang informieren, sogar extrem schnell: Im Schnitt nehmen sich Personalverantwortliche durchschnittlich nur 43 s Zeit, um den Lebenslauf der Bewerber zu checken sagt eine Studie von StepStone Österreich & mindtake (2018).

Was alles hineingehört? Als Erstes gibst du im Lebenslauf unter dem Punkt „Persönliche Daten" Grundinformation zu deiner Person und deine Kontaktdaten an:

- Vorname, Name
- Anschrift
- Handynummer
- E-Mail (aber nur, wenn du deinen E-Mail-Briefkasten täglich leerst)
- Geburtsdatum/-ort

Angaben zu den Eltern und deren Berufen sind heutzutage nicht mehr üblich.

Der nächste Punkt gehört den wichtigen Stationen deiner Ausbildung, die du datieren solltest. Schreib sie anti-chronologisch auf – die aktuellste Station ist also ganz oben zu lesen:

> **Beispiel**
> - 4/2023: Zwischenprüfung (1,8)
> - seit 2021: Studium der Sprachwissenschaft (Hauptfach), der Neueren Deutschen Literatur und Amerikanistik (Nebenfächer) an der Georg-August-Universität Göttingen.
> - 2009–2021: Holbein-Gymnasium Augsburg. Abschluss: Allgemeine Hochschulreife (2,4)

Wenn dein Lebenslauf zeitliche Lücken aufweist, du beispielsweise erst zwei Jahre nach dem Abitur mit dem Studium begonnen hast und dazwischen zwei Mal die Welt umsegelt hast – dann steh dazu und denk dir keine Lügen aus. Diese könnten leicht auffliegen. Überleg dir für dein Vorstellungsgespräch lieber, wie du deine Weltreise positiv erklären kannst, was du dabei alles gelernt hast, vielleicht sogar in Hinblick auf deinen späteren Traumberuf.

Deine Berufserfahrung und deine bisherigen Praktika werden als Nächstes aufgelistet; du solltest hier auch mit dem jüngsten Praktikum starten. Schreibe auf, wo du konkret eingesetzt warst:

> **Beispiel**
> - 11/2021–10/2022: Wissenschaftlicher Mitarbeiter beim Projekt „De Frosch gaad usem Glaas" am Göttinger Lehrstuhl für Allgemeine Sprachwissenschaft: Auswertung von Interviews mit Dialekt sprechenden Schweizern
> - 8/2021: Praktikum am Bremer Institut für Niederdeutsche Sprache

Selbst falls du noch keine Berufserfahrung hast, kannst du hier dein „außerschulisches Engagement" oder deine bisherigen Ferienjobs angeben – sofern sich jene nicht auf „Brezeln verkaufen bei Müller Brot" beschränken. Vielleicht hast du während der Semesterferien bei einem Fotografen gejobbt? Oder früher für die Schülerzeitung geschrieben? Du warst Vorstand im heimischen Jugendzentrum? Natürlich verbesserst du damit nicht deine fachliche Qualifikation, aber du zeigst, dass du ein aktiver, engagierter Mensch bist. Falls du diesbezüglich nichts vorzuweisen hast, dann führe im Punkt „Ausbildung" die Schwerpunkte deines Studiums aus. Damit zeigst du, in welche Richtung deine beruflichen Interessen gehen.

Als nächsten Punkt kannst du deine weiteren Kenntnisse nennen, zum Beispiel deine Computerkenntnisse (Word, Excel, Grafikprogramme), deinen Führerschein, Sprachkenntnisse. Sei aber ehrlich: Wenn du schreibst, du sprichst fließend Englisch, im Vorstellungsgespräch aber höchstens die Karte von McDonald's herunterbeten kannst, dann wirst du vermutlich schnell hinausbegleitet. Wenn du den Personaler aber trotz mangelnder Fremdsprachenkenntnisse von dir überzeugst, dann schickt er dich vielleicht sogar in einen Englischkurs.

Wenn du besonders stolz darauf bist, dass du einen Foto-Wettbewerb gewonnen hast – dann schreib das ruhig in deinen Lebenslauf, falls dieser Preis thematisch nicht allzu weit von deinem Traumberuf entfernt ist.

Hobbys musst du nicht angeben. Wenn du magst oder dir dein Lebenslauf sonst zu kurz erscheint, kannst du deinen Volleyball-Verein trotzdem erwähnen, denn Mannschaftssportler gelten als teamfähig. Verschweige aber lieber, dass dich deine Freunde als Partykönig feiern, sonst fürchtet dein künftiger Arbeitgeber, du könntest deinen Schlaf in der Arbeitszeit nachholen.

Am Schluss des Lebenslaufs unterschreibst du neben der maschinengeschriebenen Orts- und Datumsangabe mit schwarzem oder blauem Kuli oder Füller oder einfach mit deinem Namen, solltest du alles nur als Mail absenden.

In die rechte obere Ecke des Lebenslaufs packst du dein Foto, das bitte seriös aussehen sollte – und nicht nach Urlaub. Dein künftiger Chef sollte dich doch besser in dezenter Kleidung, vielleicht mit einem ordentlichen Kragen, gut frisiert und perfekt ausgeleuchtet auf einem farbigen oder schwarzweißen Portraitbild kennenlernen.

Du hast es immer gehasst, wenn du auf Familienfotos „Salami" sagen musstest, damit du schön lächelst? Oh je: Du solltest nämlich schon recht freundlich dreinblicken. Bei einem Praktikum im Verkauf muss man lächeln können. Wer auf seinem Bewerbungsbild ernst schaut, hat schlechtere Karten. Ob du dagegen ein schwarzweißes oder ein farbiges Bild wählst, ist egal.

Beispiel

Lebenslauf
   Persönliche Daten
   Name: Tim Lorenz
   Geburtsdatum/-ort: 30. August 1999 in Augsburg
   Anschrift: Humboldtallee 17
                           37073 Göttingen
   Telefon: 0551/4 73 78
   Mobil: 0175/4 92 83 83
   E-Mail: tim.lorenz@gmx.de

Ausbildung

- 4/2023: Zwischenprüfung (1,8).
- seit 2021: Studium der Sprachwissenschaft (Hauptfach), der Neueren Deutschen Literatur und Amerikanistik (Nebenfächer) an der Georg-August-Universität Göttingen.
- 2009–2021: Holbein-Gymnasium Augsburg. Abschluss: Allgemeine Hochschulreife (2,4)

Berufserfahrung/Praktika

- 11/2021–10/2022: Wissenschaftlicher Mitarbeiter beim Projekt „De Frosch gaad usem Glaas" am Göttinger Lehrstuhl für Allgemeine Sprachwissenschaft: Auswertung von Interviews mit Dialekt sprechenden Schweizern
- 8/2021: Praktikum am Bremer Institut für Niederdeutsche Sprache

Kenntnisse

- Computer: MS Office, Canva
- Sprachen: Englisch (fließend), Französisch (reanimierbar)

Göttingen, 12. Oktober 2023
ORIGINALUNTERSCHRIFT, sofern du dich auf Papier bewirbst oder digitalisierte Unterschrift im PDF

4.2.1.2.5 Die Anlagen

Nach Anschreiben und Lebenslauf sind die Anlagen an der Reihe. Mit den Anlagen sind Schul- und Hochschulzeugnisse, Urkunden und Bestätigungen früherer Praktika gemeint, die belegen, was du alles auf dem Kasten hast. Bei Zeugnissen gilt, dass du das einfügst, das deinen höchsten Ausbildungsgrad bestätigt. Verzichte also auf dein Vordiplomzeugnis, wenn du bereits dein Diplom in der Tasche hast. Du kannst auch Bestätigungen über wissenschaftliche Hilfstätigkeiten und freie Mitarbeit beilegen. Aber Vorsicht:

- Sofern du die Zeugnisse nicht digital verschickst, verwende nur Kopien. Bei Zeugnissen handelt es sich um wichtige Dokumente, die du nur schwer wieder beschaffen kannst, wenn sie verloren gehen.
- Verwende die aktuelle Urkunde als erste Anlage, die am weitesten zurückliegende als letzte.
- Wenn du Zeugnisse und Nachweise in einer Fremdsprache besitzt, solltest du sicherheitshalber eine deutsche Übersetzung ergänzen. Das gilt nicht für englische Dokumente.

- Willst du ein Praktikum im Journalismus machen, solltest du als Arbeitsprobe PDFs, Kopien und Links deiner besten Artikel versenden. Als künftige Webdesignerin füge Links zu den gelungensten Internetseiten bei: Ein besseres Zeugnis deines Könnens als eine überzeugende Arbeitsprobe gibt es nicht.

5

Interview mit Moritz Rachner: Praktika in der Gesundheitsbranche

Moritz Rachner weiß als Leiter Recruiting des Städtischen Klinikums Braunschweig genau, wie wichtig junger Nachwuchs für die Gesundheitsbranche ist. Welche Chancen Praktika mit sich bringen und wie Nachwuchskräfte sie optimal für sich nutzen, verrät er uns im Gespräch.

Welche Praktikumsmöglichkeiten bietet die Gesundheitsbranche?
Die Gesundheitsbranche ist sehr vielfältig – viele Berufe wirken interdisziplinär, sind wie Zahnräder miteinander verbunden. Hinter „Wir machen Kranke gesund" stecken viele Berufe, die miteinander interagieren und funktionieren müssen. Das fängt im ärztlichen Bereich an, geht über die Pflege, Reha über Verwaltungsabteilungen, bis hin zu den Servicefunktionen wie Küche oder Reinigung.

Wir haben Berufsfelder, die Praktika voraussetzen, wie beispielsweise die Ärzte. Auch als Laborassistenz oder Röntgenassistenz ist ein Praktikum verpflichtender Teil der Ausbildung. Was noch etwas losgelöst ist, ist die Pflege. Dort wird ein Praktikum meist genutzt, um Einblicke in das Berufsfeld zu bekommen, ist aber nicht vorgeschrieben.

Welchen Zweck erfüllen Praktika in der Gesundheitsbranche – wenn sie nicht verpflichtender Teil der Ausbildung sind?
Früher diente ein Praktikum eher dazu, sich zu beweisen, und im besten Falle in dem jeweiligen Betrieb übernommen zu werden. In der heutigen Zeit hat sich das gewandelt. Praktika dienen eher dazu, dem oder der Praktikant:in zu zeigen, ob der Beruf langfristig etwas für ihn ist oder nicht. Eine weitere Veränderung ist der Trend zu längerfristigen vergüteten praktikumsähnlichen Angeboten, wie Bundesfreiwilligendienste und Freiwillige Soziale Jahre (FSJ), die mehr Struktur und einen intensiveren Einblick in die Berufe bieten.

Wie reagieren Sie als Klinikum auf diese Veränderung?
Wir fokussieren uns zunehmend auf Bundesfreiwilligendienst oder Schulen, die in ihrem Ausbildungsinhalt ein Praktikum vorsehen. Die mit diesen Programmen verbundene Planbarkeit der Inhalte erleichtert uns vieles. Wichtig ist uns die Gewinnung junger Menschen für den Gesundheitsbereich. Deshalb macht sich unsere Belegschaft an ausgewählten Tagen, wie dem Zukunftstag, auch selbst stark dafür, ein Angebot mit Programm auf den Stationen dafür zu gestalten und junge Menschen für das Berufsfeld begeistern zu können. Auch online bieten wir dazu Info-Veranstaltungen an. Unsere Chefärzte haben z. B. eine solche Online-Veranstaltung abgehalten, um persönlich ins Gespräch mit den potenziellen Berufseinsteigern zu kommen.

Was würden Sie Berufseinsteigern raten, die noch nicht genau wissen für welchen Bereich sie sich entscheiden?
In den nächsten 15 bis 20 Jahren kann man sicher immer einen Job im Gesundheitsbereich bekommen. Es empfiehlt sich, verschiedene Bereiche auszuprobieren – etwa in der Pflege, Funktionsberufen oder medizinnahen Berufsbildern. Es gibt verschiedene Konstellationen: Kommunale Kliniken, private Kliniken und Einrichtungen oder auch Praxen uns Medizinische Versorgungszentren. Auch diese verschiedenen Anbieter gilt es, sich genau anzuschauen.

Ebenso rate ich Praktikant:innen, sich möglichst proaktiv in Arbeitsabläufe einzubringen, um so viel wie möglich von der eigentlichen Arbeit und den Anforderungen sehen und erleben zu können. Erst das Ausprobieren, wenn ich beispielsweise unterstütze, einen Menschen körpernah zu pflegen, bringt die Erkenntnis, ob ich das tatsächlich beruflich machen kann.

Praktikant:innen dürfen für sich einstehen, um die Erfahrungen machen zu können, die sie brauchen, um sich ein realistisches Bild des Arbeitsalltags machen zu können.

Ihre Erwartungshaltung an die Einrichtung können und sollen Praktikant:innen gerne schon in der Bewerbung schon deutlich machen. Dazu sollten sie sich schon vorab Zeit nehmen und sich selbst reflektieren, was der eigene Wunsch an das Praktikum ist.

Was macht eine:n guten Praktikant:in aus?
Das Gesundheitswesen lebt von Teamarbeit. Man sollte sich gut in das Team einbringen können. Außerdem gute Bewerbungsunterlagen, die schon den eigenen Wunsch an Erfahrungsgewinn durch das Praktikum offenlegen.

Wie kann man sich auf das Praktikum optimal vorbereiten?
Bei uns ist es im Bundesfreiwilligendienst Standard, vor dem eigentlichen Praktikum einen Tag zu hospitieren. Solche Chancen sollten Praktikant:innen unbedingt annehmen. Denn: Dann kann man schon einmal einen ersten Eindruck gewinnen von der Arbeit, aber auch von den zukünftigen Kolleg:innen. Je nach Bereich kann man in dieser Zeit für sich manche Fragen schon vorab beantworten, wie z. B.: Kann ich überhaupt Blut sehen?

Haben sie Tipps für Praktikant:innen, die ihr Praktikum bald beenden?
Erlebtes Reflektieren: Es ist immer von Vorteil, dass die Praktikant:innen sich wirklich Zeit nehmen Revue passieren zu lassen, was sie aus der Zeit mitgenommen haben. Am besten stichwortartig aufschreiben und Pro und Contra des Berufs bedenken. Diese Liste kann auch gut zum Feedback-Gespräch am Ende des Praktikums mitgebracht werden – um die Reflexion mit seinem Ansprechpartner zu teilen. Falls man sich gegen den Bereich entscheidet, kann man darüber sprechen, welche weiteren Bereiche es noch gibt, die stattdessen interessant sein könnten. So zeigt man als Praktikant:in Interesse, Wertschätzung und kann auch nach dem Praktikum leicht wieder Kontakt aufnehmen, um evtl. in den Beruf einzusteigen.

6

Das Vorstellungsgespräch

Yeah: Kurz nachdem du deine Bewerbung abgeschickt hast, liegt die Einladung zum Vorstellungsgespräch in deinem Posteingang. Die Firma ist interessiert an dir. Sie braucht Praktikanten wie dich, denn Praktikanten sind über kurz oder lang potenzielle Festanstellungskandidaten, die wiederum das Unternehmen in die Zukunft führen. Dich würde das Unternehmen gerne „ausprobieren" und schulen – nicht aus reiner Menschenfreude, sondern um zu sehen, wie du hineinpasst und ob du ordentlich arbeitest. Freu dich, sei selbstbewusst. Du hast gute Karten, denn du hast Unterlagen geliefert, die interessant sind. Du hast die perfekte Bewerbungsstrategie verfolgt – allerdings nur fürs Erste, denn deine schriftliche Bewerbung war erst das Vorspiel. Dein großer Auftritt, das Vorstellungsgespräch, steht dir noch bevor. Für dieses solltest du dich warm anziehen: Jetzt konkurrierst du nicht mehr mit einer Masse von Bewerbenden, jetzt konkurrierst du mit den Favoriten für die Stelle. Übrigens: Viele Vorstellungsgespräche werden inzwischen auch digital geführt – bei der Deutschen Bahn etwa schon standardmäßig.

6.1 Die Vorbereitung

Sei authentisch – dann überzeugst du beim Vorstellungsgespräch: Da sind sich Bewerbungsberater und Personaler einig. Auch oder gerade Personaler befragen nämlich bei jedem Kandidaten ihr Bauchgefühl. Sie merken, wenn jemand krampfhaft versucht, etwas zu verschweigen. Oder wenn einem ein Bewerber nach dem Mund redet. Der wird wahrscheinlich auch nicht eingestellt. Genommen wird der, der natürlich ist und weiß, was er will. Es geht nicht darum, den Personalern genau das zu erzählen, was sie hören wollen – ohne später abliefern zu können. Es geht um das, wie man ist. Du bekommst die Stelle ohnehin nicht, wenn du nicht hinter dem stehst, was du sagst. Deine Körpersprache verrät dich.

Allerdings: Authentisch zu sein, das kannst du nicht von heute auf morgen trainieren. Du kannst dir nur vornehmen, dich nicht zu verstellen, bei dir zu bleiben. Dafür allerdings – und hier kannst du dich vorbereiten – musst du dir deine eigenen Berufsziele, Stärken und Schwächen bewusst machen. Wohlgemerkt: deine EIGENEN. Hierfür solltest du wissen, was dich im Gespräch erwartet …

6.2 Fragen und Antworten

Klar ist: Du sollst nicht auf alle möglichen und unmöglichen Personalerfragen auswendig gelernte Antworten parat haben. Jeder Chef stellt seine Fragen sowieso auf seine eigene Art. Du solltest aber inhaltlich sinnvoll und souverän auf alle denkbaren Fragen und Bemerkungen kontern können. Es wäre nämlich schlicht peinlich, wenn du über die Frage nach deinen persönlichen Schwächen erst einmal zwanzig Minuten nachdenken musst, weil dir spontan keine einfallen.

Im Kern wird es aber beim Gespräch keine bösen Überraschungen für dich geben, wenn du dir klar machst, was du kannst, was du willst, und wenn du über die Firma informiert bist. Ansonsten kannst du dich beispielsweise auf folgende Fragen vorbereiten:

- Was führt Sie zu uns?
- Ihr Werdegang?

- Welche Praktika haben Sie schon gemacht? Was waren Ihre Aufgaben?
- Was reizt Sie an unserem Unternehmen, was gefällt Ihnen an unserem Image nicht?

> Vorsicht: In der Regel wird es nicht gern gesehen, wenn du über andere Firmen lästerst: „Wahrscheinlich wird er uns später auch in keinem besseren Licht erscheinen lassen", fürchten die Personaler. Und mal ehrlich: Dauer-Nörgler sind ohnehin keine Sympathieträger. Wenn es aber objektive, leicht nachvollziehbare Gründe gibt, warum es in einer Firma nicht gut lief, beispielsweise weil die Hälfte der Kollegen gerade ihre Kündigung auf den Tisch bekommen haben und daher in der Firma verständlicherweise kein Eitel Sonnenschein herrscht – dann kannst du das natürlich sagen.

- Was schätzen Ihre Freunde an Ihnen? Ihre Stärken? Ihre Schwächen? Und: Sag bitte nicht, dass „Ungeduld" und „zu viel Ehrgeiz" zu deinen größten Schwächen zählen: das weiß dein Gegenüber auch, dass diese beiden Eigenschaften in den meisten Bewerbungsratgebern als „positive Schwäche" angegeben sind und hören dies daher bei ungefähr jedem Gespräch. „Früh aufstehen" beispielsweise ist da glaubwürdiger und charmanter. Und weil du als schlauer Praktikant immer an dir arbeitest, hast du auch eine Lösung für deine „große" Schwäche parat: „Seit ich mir zwei Wecker stelle, stehe ich leichter auf. Und nach der Dusche bin ich fit."
- Was wollen Sie hier lernen?
- Warum bewerben Sie sich bei uns?
- Haben Sie weitere Bewerbungen laufen?
- Wo sehen Sie sich beruflich in fünf/zehn Jahren?
- Inwiefern sind Sie ein guter Teamplayer?
- Was macht für Sie ein gutes Betriebsklima aus?
- Sie wissen, dass wir auch abends und an den Wochenenden arbeiten. Ist das ein Problem für Sie?
- Wenn es ein Problem für dich ist, jedes Wochenende zu arbeiten, solltest du das jetzt sagen – sonst jubeln die Personaler: „Endlich jemand, der gerne Sonntagsschicht schiebt!"

- Warum wollen Sie in diesem Beruf arbeiten? Warum haben Sie sich ausgerechnet für dieses Studium entschieden?
- Welche Schwerpunkte haben Sie in Ihrem Studium gewählt?
- Warum sind Sie der perfekte Praktikant für uns?
- Ihre Hobbys?

> **Tipp**
>
> Achtung: Es gibt auch Fragen, die per Gesetz nicht gestellt werden dürfen, zum Beispiel darf der Personaler nicht nach deiner Religions- und Parteizugehörigkeit fragen. Ferner geht es ihn nichts an, ob du schwanger bist, Kinder bekommen möchtest, ob du in einem Verein aktiv bist und mit wem du liiert bist. Fragen nach dem Gesundheitszustand beziehungsweise nach gesundheitlichen Beeinträchtigungen sind nur insoweit zulässig, wie sie die Einsatzfähigkeit des Praktikanten auf dem vorgesehenen Arbeitsplatz betreffen können.
>
> Wird dir eine unzulässige Frage gestellt, hast du das Recht zu lügen. Sei darauf vorbereitet: Selbst gegenüber dem „Praktikumsknigge" hat einer der in der Recherche befragten Personaler zugegeben, dass er sich keine Gedanken darüber mache, welche Fragen verboten sind und welche nicht: Er frage einfach nach allem, was ihn interessiere, auch, wenn's die Gesundheit oder eine Schwangerschaft betreffe. Der Bewerber habe ja das Recht zu schweigen.

> **Tipp**
>
> Schau dir auch die Schwächen in deinem Lebenslauf an, denn der Interviewer ist niemand, der dich schont. Er wird die Finger genau auf deine Schwachstellen halten. „Eine Vier in Deutsch? Das ist aber nicht gut!"
>
> Er macht das nicht aus Bösartigkeit oder weil er deine Deutschnote für entscheidend hält – sonst hätte er dich gar nicht eingeladen. Er will vielmehr testen, wie du mit Kritik umgehst. Überleg dir also, wie du deine Vier erklären kannst. Hoffentlich fällt dir jetzt nicht ein „Ich war faul". Besser wäre „Ich konnte nichts mit sprechenden Tieren in Gellerts Fabeln anfangen". Das wäre eine menschliche Antwort, eine nachvollziehbare dazu.
>
> Überleg dir auch, wie du deine Lücken im Lebenslauf mit positiven Erklärungen füllen könntest – früher waren Lücken im Lebenslauf verschrien, das sind sie heute nicht mehr. Dennoch macht es Sinn, sich Gedanken dazu zu machen, was die Lücke für den neuen Job gebracht haben könnte.

„Ich wollte nicht gleich nach dem Abitur mit dem Studium beginnen, weil ich erst sicher gehen wollte, ob es das richtige Studienfach für mich ist. Daher habe ich mir Zeit gelassen für Gespräche mit Berufsberatern. Auf meinen Auslandsreisen wollte ich außerdem mein Spanisch verbessern. Das spreche ich jetzt perfekt. Vielleicht nützt das hier im Haus?"

Falls es in deinem Lebenslauf nichts zu beschönigen gibt, hilft nur die Flucht nach vorne: Dir fiel es schlichtweg schwer, dich zu orientieren. Du hast gezögert und gezögert, und bist jetzt erleichtert, weil du endlich weißt, was du willst. Lücken im Lebenslauf werden weitaus seltener negativ wahrgenommen als noch vor einigen Jahren. Ecken und Kanten formen einen Charakter, Quereinstiege sind immer mehr die Regel in vielen Branchen – damit stieg auch die Akzeptanz von Lücken im Lebenslauf.

Vergiss nicht, dich spätestens vor dem Gespräch über die Bedeutung des Unternehmens innerhalb der Branche zu informieren. Studiere die Struktur der Firma, lerne die Namen der Chefs auswendig und informiere dich über die wichtigsten Produkte.

Tipp

Wiege dich nicht in Sicherheit, wenn der Personaler scheinbar nur plaudern will: Er ist Profi und verfolgt seine Hintergedanken. Personaler lassen sich beispielsweise Situationen aus dem letzten Praktikum schildern, um herauszufinden, wie der Bewerber handelt und warum er so handelt. Und ob es stimmig ist, was er erzählt. Zum Beispiel; „Wie sind Sie vorgegangen, wenn Probleme aufgetaucht sind?"

Der Praktikant plaudert dann meist drauf los, weil er denkt, er redet über die Vergangenheit. Der Personaler schließt dabei aber vor allem auf die Zukunft. Denn: Wenn jemand auf eine bestimmte Art gehandelt hat, wird er es wahrscheinlich später wieder tun. Der Personaler überlegt sich folgend: Finde ich das gut oder schlecht?

Wenn der Personaler hier erfährt, dass sich der Praktikant in konkreten Situationen nicht so flexibel verhält wie vorher behauptet, dann würde er hier nachhaken: „Sie haben vorher gesagt, Sie sind flexibel, aber eine spontane Geschäftsreise haben Sie abgelehnt. Wie kommt's?"

6.3 Wer nicht fragt, bleibt dumm?

Vermutlich animiert dich der Personaler im Laufe des Vorstellungsgesprächs dazu, eigene Fragen zu stellen. Das solltest du auch tun. Selbst dann, wenn du nicht dazu aufgefordert wirst – natürlich ohne dem Interviewer deshalb ins Wort zu fallen. Es ist jedenfalls ein großes Plus, wenn du durchdachte Fragen stellst. Daran merkt der Personaler, dass du dich wirklich für die Firma interessierst. Außerdem belebt es das Gespräch, wenn es kein einseitiges Frage- und Antwortspiel bleibt. Krame aber keinen Notizzettel mit vorformulierten Fragen aus der Tasche: Es geht um deine Zukunft, da erwartet dein Gegenüber, dass du die Dinge, die dir unter den Nägeln brennen, im Kopf hast. Und pass auf: Das Sprichwort „Es gibt keine dummen Fragen, nur dumme Antworten" trifft im Vorstellungsgespräch leider nicht immer zu; hier kannst du eine Menge überflüssiger Fragen stellen. Fragen zum Beispiel, die bereits in der Anzeige oder auf der Website des Unternehmens beantwortet werden. Wurde eine deiner Fragen auf der Internetseite beantwortet, jedoch nicht ausführlich genug, kannst du natürlich dennoch nachhaken: „Auf Ihrer Internetseite habe ich, gelesen, dass …. Allerdings interessiert mich noch …"

Es gilt, dadurch Motivation zu bekunden:

- Wie wird gearbeitet?
- Wie sind die Arbeitsabläufe?
- Was lerne ich genau bei Ihnen? Gibt es einen Praktikumsplan?
- Wer sind Ihre Kunden?
- Wer macht die Fotos für Ihre Kunden? Welche Bearbeitungssoftware benutzen Sie? – Und nach der entsprechenden Antwort kannst du vielleicht ergänzen, dass du – ach, was für ein Zufall! – die Software kennst, weil du damit schon im Foto-Grundkurs an der Schule gearbeitet hast.
- Ich habe mich im Studium auf Elektronik spezialisiert. Kann ich mein theoretisches Wissen im Unternehmen in irgendeiner Form einbringen?
- Kann ich sehen, wo ich eingesetzt werde?

Wenn das klappt, kannst du vermutlich auch besser beurteilen, ob das der Ort ist, an dem du mit großem Zeitaufwand etwas lernen willst. Denn vergiss nicht: Auch dir muss der Praktikumsplatz zusagen.

Falls das Thema Geld bis zum Schluss nicht von deinem künftigen Vorgesetzten angesprochen wird, dann bist du jetzt – aber wirklich erst jetzt – an der Reihe, nachzufragen: „Ich habe eine letzte Frage: Ich weiß, dass es in der Metall verarbeitenden Industrie in Bayern üblich ist, dass Praktikanten eine Vergütung bekommen …" An der Stelle kannst du auch nach deinen Urlaubstagen fragen und eben alles weitere, das dir bisher noch nicht beantwortet wurde. Vor einigen Jahren war es noch verpönt, Fragen zum Feierabend und zum Urlaub im Vorstellungsgespräch zu stellen. Zum Glück hat sich die Einstellung dazu geändert, denn jedem ist klar: Das Leben kostet Geld – und Erholung ist wichtig, um langfristig einen guten Job zu machen.

6.4 Weitere Do's and Dont's

Zu einem gelungenen Auftritt beim Vorstellungsgespräch gehört mehr, als auf das Frage- und Antwortspiel vorbereitet zu sein: Du musst auch Benimm und Verstand an den Tag legen, um als sympathischer, ehrlicher und motivierter Praktikant gesehen zu werden:

- In jedem Fall musst du die ganze Zeit über freundlich sein, deinen Gesprächspartner ausreden lassen, bereitwillig und offen antworten und gut zuhören, damit du alles mitbekommst, was er sagt. Das macht hoffentlich einen flotten und wachen Eindruck.
- Schaue deinem Gegenüber in die Augen. Ansonsten wirkst du verhuscht oder so, als hättest du etwas zu verbergen.
- Wenn du jedes Wort mitschreibst, das der Personaler von sich gibt, hemmt das den Gesprächsfluss.
- Mach keinen Rückzieher: Wenn du bei deiner schriftlichen Bewerbung behauptet hast, du hast ab 1. April vier Monate Zeit, dann solltest du jetzt nicht sagen, dass du ab 1. Mai wieder an die Uni musst.

- Erzähl von deinen Kenntnissen: „Ich kann mit Powerpoint umgehen, ich habe an der Schülerzeitung mitgearbeitet, ich kann Webseiten bauen."
- Viele Firmen befürchten, dass Praktikanten zu sehr an der Hand genommen werden müssen, dass sie zu unselbstständig arbeiten und dadurch die anderen Mitarbeiter, die ohnehin viel zu tun haben, zu sehr belastet werden. Daher solltest du deinem Gegenüber im Vorstellungsgespräch klar machen: „Ich werde nicht an Ihrem Rockzipfel hängen, ich werde selbstständig arbeiten und bei Bedarf Fragen stellen. Da werden Sie keine Probleme haben."
- Du willst in deinen Schilderungen ein wenig Dichtung und Wahrheit vermischen? Dir einen Mini-Excel-Kurs und eine klitzekleine freie Mitarbeit in einer Tageszeitung dazu erfinden? Tu's nicht: Du hast es mit einem erfahrenen Gesprächspartner zu tun. Wenn der wittert, dass da was nicht stimmt bei dir, dann bohrt er nach – bis du dich zu sehr verstrickst, und er sich schnell einen Vorwand überlegt, wie er dich verabschieden kann. Er merkt vermutlich auch, wenn du ihm nach dem Mund redest. Bleib lieber authentisch, offen, ehrlich – dann hast du die besten Chancen.

6.5 Jacke wie Hose: Der Dresscode

Was ziehe ich bloß an? Die Faustregel ist: Zieh dich ordentlich und gepflegt an. Ein bisschen schicker als normal, das ist perfekt.

Verkleide dich dabei nicht: Du solltest dich schon noch wohlfühlen. Manche Bewerber sehen allerdings so aus, als hätte man sie in den Konfirmandenanzug gezwungen. Genau so fühlen sie sich auch, und das merkt man. Diese Bewerber sind im Gespräch nicht souverän, weil sie sich verkleidet vorkommen. Andererseits aber fühlt sich auch niemand wohl, der in Jeans und T-Shirt ankommt, während seine Gesprächspartner Anzüge tragen. Daher gilt: Achte nach Möglichkeit darauf, welcher Dresscode in der Firma gilt, und pass dich ein wenig an. Falls du in deinem Praktikum mit Kunden der Firma zu tun haben solltest, ziehe dich so an, als würdest du die Firma vertreten.

6.6 Der Termin: Probleme und ihre Lösungen

Es ist so weit: Tag X ist gekommen. Vermutlich hast du schlecht geschlafen. Wenn du dich aber gut vorbereitet hast, kann dennoch nichts mehr schief gehen. Naja, fast nichts: Es sei denn, dein Corona-Test schlägt an, ein Eisregen hat dein Zuhause eingefroren und dein Computer hat die Adresse der Firma verschluckt. Hier ein paar Tipps, damit du dir drei Meter vor dem Ziel kein Bein stellst.

6.6.1 Problem Geld

Du willst zwar zum Vorstellungsgespräch nach Berlin fahren, weißt aber nicht, wie du die 600 km lange Fahrt bezahlen sollst. Hier hilft das Arbeitsrecht: Wenn der Arbeitgeber den Praktikanten auffordert, sich persönlich vorzustellen, hat er alle damit verbundenen Aufwendungen verkehrsüblich zu tragen. Mit den Aufwendungen sind in erster Linie die Fahrtkosten gemeint – und zwar egal, wie das Vorstellungsgespräch ausgeht. Die Höhe der Fahrkosten allerdings sind durch den Grundsatz der Verhältnismäßigkeit limitiert: Falls du „standesgemäß" mit gemietetem Ferrari-Cabrio vorfährst, muss der Arbeitgeber seinen Geldbeutel nur „verkehrsüblich" weit öffnen: Er zahlt dir das, was eine Bahnfahrt in der zweiten Klasse gekostet hätte. Und übrigens muss er Übernachtungskosten zahlen, wenn es dir aufgrund des Gesprächstermins nicht zuzumuten ist, am gleichen Tag an- und abzureisen.

Achtung: Der Arbeitgeber hat das Recht, von vornherein auszuschließen, die Bewerbungskosten zu übernehmen. Dann musst du selbst zahlen.

6.6.2 Du bist krank

Bist du ehrlich krank? Oder leidest du nur an Lampenfieber und zittrigen Knien? Wenn du wirklich krank bist, kannst du dich nicht gut verkaufen und steckst womöglich deine Gesprächspartner an: Einen schlechteren Einstieg in die Firma könntest du kaum haben. Dir bleibt also nichts anderes übrig, als das Gespräch so früh wie möglich in einem persönlichen Telefonat abzusagen und um einen neuen Termin zu bitten.

6.6.3 Pünktlichkeit

Auch, wenn es manchen Studierenden schwerfallen kann: Das akademische Viertel gilt nicht beim Vorstellungsgespräch. Vermeide unter allen Umständen, zu spät zu kommen. Firmenbosse sind in der Regel beschäftigter als du. Sie können es sich gar nicht erlauben, wertvolle Zeit zu vertrödeln. Berechne genau, wie lange du für den Hinweg brauchst. Wenn du Zeit hast, gehe oder fahre die Strecke vorher schon einmal probeweise ab.

Falls du aller Mühen zum Trotz doch zu spät kommst, entschuldige dich sofort bei deinem Gesprächspartner! Überspiele dein Zuspätkommen auf keinen Fall, auch nicht, wenn du nur fünf Minuten nach der Zeit eintriffst. Kannst du die Verspätung schon frühzeitig absehen, weil die Bahn mindestens 15 min zu spät ankommen wird, rufe kurz an und warne dein Gegenüber vor.

6.6.4 Nervosität

Du bist schrecklich nervös? Klar, das gehört dazu. Dein Personaler wäre ohnehin enttäuscht, wenn du einfach nur cool wärest. Und tröste dich: ein wenig Nervosität macht dich sympathisch und man merkt daran auch, dass dir die Stelle wichtig ist. Schlucke auf gar keinen Fall irgendwelche Beruhigungspillen, du musst klar im Kopf sein.

6.6.5 Störungen reduzieren

Schalte dein Handy aus oder auf Flugmodus, bevor du das Unternehmen betrittst. Nicht, dass es auf einmal klingelt, weil deine Großmutter fast vergessen hätte, dir Glück zu wünschen …

Jetzt kann wirklich nichts mehr schief gehen. Du kannst dich also guten Gewissens auf den Weg machen. Grüße jeden, den du in der Firma triffst: Die Putzfrau könnte die beste Freundin deiner künftigen Chefin sein. Sag „ja", wenn du von deinem möglichen späteren Chef ein Wasser angeboten bekommst.

Ziel eines Vorstellungsgesprächs ist es, herauszufinden, wie der Bewerber tickt. Was ist wichtig für ihn? Passt er ins Unternehmen und in die Abteilung? Wird er sich wohlfühlen? Kann er hier erfolgreich sein? Was für ein Umfeld braucht er, um etwas zu leisten und positiv gefordert zu sein? Bietet das Unternehmen dieses Umfeld oder bietet es das nicht? Wenn nicht, macht eine Zusammenarbeit keinen Sinn. Es geht nicht darum, dass sich das Unternehmen an den Praktikanten anpasst. Andersherum geht es aber auch nur begrenzt. Wichtig ist daher, nicht zu versuchen, irgendwas im Gespräch darzustellen, was man nicht ist und was man nicht leisten kann und will. Vielmehr gilt: Du kannst dich nicht dein Leben lang verstellen, bloß, weil du dich im Interview so dargestellt hast und die Chefs nun erwarten, dass du so bist. Das Unternehmen sollte dich wollen, wie du bist. Wenn ihr nicht zusammenpasst, dann passt es nicht. Dieses Selbstbewusstsein solltest du entwickeln. Denn letzten Endes bist du sonst unglücklich und damit nicht erfolgreich. Such dann lieber weiter, bis du das Richtige gefunden hast.

Andersrum will auch die Firma, dass du wirklich reinpasst: Ein Personaler in der Musikbranche will im Gespräch vor allem erfahren, ob dem Praktikanten etwas an der Materie Musik liegt und ob sich aus diesem Interesse auch die Motivation für das Praktikum herleitet. Wer nur wegen der vergleichsweise guten Bezahlung oder wegen eines Zeugnisses kommt, ist wenig attraktiv. Wer sich in der Medienzentrale eines Bistums bewirbt, sollte Vorstellungen von den Werten der Kirche haben. Insgesamt sollen Praktikanten kapiert haben, was es zu tun geben könnte. Es gibt allerdings tatsächlich Bewerber in der Musikbranche, die denken, sie sitzen zwei Wochen ab und gehen dann mit einer Superband auf Tour. Dabei geht es in ihrem Alltag in erster Linie um Büroarbeit und darum, Einkäufe zu erledigen. Alles in allem wollen die Personaler beim Gespräch herausfinden, warum du das Praktikum machen willst und ob deine Motivation ausreichend ist.

7

Wenn's nicht klappt

Du solltest den Kopf nicht in den Sand stecken, wenn du eine Absage kassierst. Andere Unternehmen haben auch schöne Praktikumsplätze. Jetzt ist der beste Zeitpunkt, sich bei diesen nach einer Stelle zu erkundigen. Übrigens: Wenn dir abgesagt wird, müssen die Bewerbungsunterlagen spätestens sechs Monate nach der Absage vollständig datenschutzkonform vernichtet werden.

Falls dich nun die Frage quält, warum dir das Unternehmen abgesagt hat – und falls sie diese Frage auch in der schriftlichen Absage unbefriedigend beantwortet, kannst du telefonisch nachhaken. Bevor du aber zum Hörer greifst, solltest du erst durch den Wald laufen, kalt duschen und am besten eine Nacht drüber schlafen. Dein Gesprächspartner hört nämlich an deiner Stimme, wenn du wütend und beleidigt bist. Und er hat sicherlich keine Lust, mit einem aufgebrachten Beinahe-Praktikanten zu diskutieren. Wenn du aber als wissbegieriger Bewerber auftrittst, der seinen Gesprächspartner als klugen Ratgeber behandelt, fühlt er sich geehrt und ärgert sich hoffentlich, dass er sich dich durch die Lappen hat gehen lassen.

Folgendes kannst du ihn fragen:

- „Ich will auf jeden Fall Journalist werden. Was muss ich dazulernen, um meine Chancen auf ein Praktikum zu verbessern?"
- „Was habe ich im Gegensatz zu meinen Mitbewerbenden nicht geboten?"
- „Können Sie mir ein Unternehmen empfehlen, bei der ich auch mit wenig praktischer Erfahrung eine Praktikantenstelle bekommen kann?"
- Wenn er nett ist, gibt er dir wertvolle Tipps. Dafür solltest du dich bedanken. Danach solltest du die Absage vergessen und neue Bewerbungen starten.

8

Wenn's klappt: Der Praktikumsvertrag

Wenn du der Traumkandidat des Unternehmens bist, dann wirst du das bald erfahren, weil es befürchtet, dass dich die Konkurrenz ansonsten wegschnappt. Wenn dagegen zwei bis drei Wochen nach Verschicken der Bewerbungsmappe weder eine Einladung zum Vorstellungsgespräch noch eine Absage in deinem Briefkasten liegen und du auch kein anderes Lebenszeichen erhältst, solltest du dich telefonisch in Erinnerung bringen. Du erfährst dann den Stand der Bewerbung – und dokumentierst obendrein dein Interesse am Unternehmen.

Wenn du – hurra, hurra – eine Zusage bekommst, darfst/musst du in der Regel einen Praktikumsvertrag unterschreiben, verpflichtend ist ein solcher aber nicht.

Freu dich, wenn du einen kriegst: Der Praktikant bekommt auf diese Weise mehr Sicherheit, gut ausgebildet zu werden. In einem Vertrag sollten Rechte und Pflichten des Praktikanten wie auch die des Unternehmens geregelt sein. Was passiert, wenn du während des Praktikums krank wirst? Kriegst du trotzdem Geld, kriegst du dein Zeugnis? Gibt es Fahrkostenzuschüsse? Wie werden Überstunden geregelt? Auch Urlaub und Arbeitszeit sollten im Vertrag festgehalten werden. Ein Praktikumsplan als Ergänzung eines Vertrags sollte beinhalten, welche Kenntnisse dir vermittelt werden, wo du eingesetzt wirst etc.

Beispiel

PRAKTIKUMSVERTRAG
Zwischen ....
.... (Unternehmen)
und
Name: ....
geb.: .... (Praktikantin/ Praktikant)
wird nachstehender Vertrag über das in Ziffer 1 näher bezeichnete Praktikum geschlossen.

§ 1 Art und Dauer des Praktikums
Das Praktikum für das Studienfach ....
....
Fachhochschule/Hochschule: ....
....
Art: ....
dauert vom................ bis ....
Das Praktikum endet am ...., ohne dass es einer Kündigung bedarf.

§ 2 Einsatzbereich
Das Praktikum wird innerhalb der Abteilung .... im ....
.... durchgeführt.
Ansprechpartner ist Frau/Herr ...., Tel.-Nr.: ....

§ 3 Pflichten des Betriebes

1. Die Firma verpflichtet sich, im Rahmen ihrer Möglichkeiten und in Anlehnung an die Richtlinien der Fachhochschule bzw. Hochschule, der Praktikantin/dem Praktikanten Kenntnisse und Erfahrungen seines Fachbereichs zu vermitteln.
2. Nach Beendigung der Ausbildung erhält die Praktikantin/der Praktikant ein Zeugnis über Art und Dauer der Ausbildung sowie über die von ihm durchgeführten Tätigkeiten.

§ 4 Pflichten der Praktikantin/des Praktikanten
Die Praktikantin/der Praktikant verpflichtet sich,

a. alle gebotenen Möglichkeiten wahrzunehmen, Erfahrungen und Kenntnisse zu sammeln,
b. die ihr/ihm übertragenen Arbeiten gewissenhaft auszuführen,

c. die Arbeitsordnung, die Dienst- und Geschäftsanweisungen der Firma und die Unfallverhütungsvorschriften zu beachten sowie Werkzeuge, Geräte und Werkstoffe sorgsam zu behandeln,
d. die betriebliche Arbeitszeit einzuhalten,
e. sofern die Studienordnung die Führung von Arbeitsberichten vorschreibt, diese dem Betrieb zur Bestätigung vorzulegen,
f. die Interessen des Betriebes zu wahren und über wesentliche und nicht allgemein bekannte Betriebsvorgänge Stillschweigen zu bewahren,
g. zeitlich darauf zu achten, dass unter Berücksichtigung von eventuellen Freistellungen das vorgesehene Ziel seines Einsatzes erreicht werden kann.

§ 5 Vergütung

Die monatliche Bruttovergütung beträgt bei einer wöchentlichen Ausbildungszeit von 35 h
EURO ....,--
(in Worten: .... EURO)
Der Betrag setzt sich zusammen aus
Vergütung: .... EURO
Wohngeldzuschuss: .... EURO. Sie wird jeweils nachträglich zum letzten Werktag eines Kalendermonats bargeldlos gezahlt.

§ 6 Freistellung, Urlaub

I. 1. Soweit von der Fachhochschule bzw. Hochschule Veranstaltungen abgehalten werden, die für den Fortgang der Ausbildung der Praktikantin/des Praktikanten notwendig sind, stellt die Firma die Praktikantin/den Praktikanten frei. Die Praktikantin/der Praktikant hat die Freistellung rechtzeitig unter Vorlage eines entsprechenden Nachweises zu beantragen.
II. 2. Die Firma gewährt der Praktikantin/dem Praktikanten Urlaub nach den gesetzlichen Bestimmungen.

§ 7 Arbeitsunfähigkeit

Bei krankheitsbedingter Arbeitsunfähigkeit oder Unfall ist die Praktikantin/der Praktikant verpflichtet, seine Abteilung unverzüglich zu benachrichtigen. Darüber hinaus ist eine Arbeitsunfähigkeitsbescheinigung vom ersten Kalendertag an unverzüglich der jeweiligen Abteilung vorzulegen.
Im Übrigen gelten die gesetzlichen Bestimmungen.

§ 8 Beendigung des Praktikumsverhältnisses

- Die ersten 2 Wochen des Praktikumsverhältnisses gelten als Probezeit. Während der Probezeit kann der Praktikumsvertrag von beiden VertragspartnerInnen unter Einhaltung einer Kündigungsfrist von 2 Wochen ohne Angabe von Gründen gekündigt werden.

- Nach Ablauf der Probezeit kann der Vertrag nur gekündigt werden
  - aus einem wichtigen Grund ohne Einhaltung einer Kündigungsfrist,
  - von der Praktikantin/vom Praktikanten mit einer Kündigungsfrist von 4 Wochen, wenn sie/er die Tätigkeit im vertragabschließenden Betrieb aus persönlichen Gründen aufgeben will. Die Kündigung muss schriftlich unter Angabe der Kündigungsgründe erfolgen.

§ 9 Nebenabreden/Vertragsänderungen
Für das Praktikumsverhältnis ist allein der vorliegende Vertrag maßgebend. Nebenabreden sind nicht getroffen. Änderungen und Ergänzungen bedürfen der Schriftform.

§ 10 Gesetze/Betriebsvereinbarungen
Im Übrigen finden die gesetzlichen Bestimmungen, die Arbeitsordnung, die sonstigen Betriebsvereinbarungen sowie die Dienst- und Geschäftsanweisungen der Firma in der jeweiligen Fassung Anwendung, soweit sich aus der besonderen Natur des Praktikumsverhältnisses nichts Abweichendes ergibt.

Die Haftung der Praktikantin/des Praktikanten beschränkt sich auf Vorsatz und grobe Fahrlässigkeit.

Unabhängig vom Rechtsverhältnis der/des Beschäftigten hat der Arbeitgeber zu Beginn des Praktikums die erforderlichen Belehrungen nach § 9 Arbeitsschutzgesetz zu erteilen.

§ 11 Vertragsausfertigung
Dieser Vertrag ist dreifach ausgefertigt, jede Vertragspartnerin/jeder Vertragspartner sowie die Fachhochschule/Hochschule erhält je ein Exemplar.

Der Praktikumsbetrieb	Die Praktikantin/Der Praktikant
Ort, Datum	Ort, Datum ....
Unterschrift	Unterschrift ....

Auch „sonstige Vereinbarungen" können in den Vertrag eingebaut werden, zum Beispiel folgender Satz: „Für während dieser Praktikumszeit gefertigte Arbeiten wird dem Praktikumsbetrieb ein einfaches Nutzungsrecht eingeräumt, soweit sie urheberrechtlich geschützt sind."

9
Interview: Praktikum bei der Bundeswehr

Wie du ein Praktikum bei der Bundeswehr bekommst und zum Erfolg machst? Darüber haben wir mit Oberstleutnant Henning Müller gesprochen. Er ist Presseoffizier im Bundesamt für das Personalmanagement der Bundeswehr.

Was macht gute Praktikant:innen für die Bundeswehr aus?
Grundsätzlich kommen für ein Praktikum oder einen Truppenbesuch alle Personen in Frage, die mindestens 15 Jahre alt sind und Interesse an einer zivilen oder militärischen Tätigkeit beim Arbeitgeber Bundeswehr haben.

Dabei freuen wir uns insbesondere über freundliche und interessierte Menschen, die Neuem gegenüber aufgeschlossen sind und Freude daran haben, Mitglied eines Teams zu werden.

Wie stellt die Bundeswehr die optimale Betreuung von Praktikanten sicher?
Wir bieten verschiedene Möglichkeiten zum „Reinschnuppern" in die Bundeswehr an. Bei uns besteht beispielsweise die Möglichkeit, nicht nur

ein freiwilliges oder verpflichtendes Praktikum für zivile Berufsbilder zu absolvieren, sondern auch im Rahmen sogenannter Truppenbesuche einen Einblick in die militärischen Karrieremöglichkeiten und Tätigkeitsfelder von Soldatinnen und Soldaten zu bekommen.

Die Betreuung erfolgt durch festgelegte Ausbildungsbeauftragte der Dienststelle, welche die Praktikantinnen und Praktikanten als Mentor/Mentorin über den gesamten Zeitraum begleiten und unterstützen.

Dabei achten wir darauf, den Praktikantinnen und Praktikanten interessante und kurzweilige Einblicke in den von Ihnen gewählten Aufgabenbereich der Bundeswehr zu ermöglichen. Dazu gehört auch eine möglichst vielfältige Zusammenarbeit mit Soldatinnen und Soldaten sowie unseren zivilen Mitarbeitenden. Selbstverständlich berücksichtigen wir dabei die gesetzlichen Vorgaben, insbesondere zum Jugend- und Arbeitsschutz.

Was sollten Praktikant:innen bei der Bewerbung beachten?
Die Praktikantinnen und Praktikanten sollten in ihrer Bewerbung mitteilen, welchen Beruf sie beim Arbeitgeber Bundeswehr näher kennenlernen möchten.

Darüber hinaus sollte die Bewerbung folgende Informationen beinhalten:

- Anschreiben (unter Angabe der Erreichbarkeit, des gewünschten Zeitraums, des Ortes und der Dauer)
- Lebenslauf
- Notenübersicht

Für Schülerinnen und Schüler an Allgemeinbildenden Schulen, die ein Praktikum im Rahmen der Berufsorientierung absolvieren möchten, ist zusätzlich eine Bestätigung der Schule über den Praktikumszeitraum und den Versicherungsschutz erforderlich.

Die Karriereberaterinnen und Karriereberater der Bundeswehr stellen gerne den Kontakt zu den Dienststellen her und unterstützen bei der Bewerbung für das Praktikum.

Welche Tipps gibt die Bundeswehr Praktikanten mit, wie sie ihr Praktikum zum Erfolg werden lassen?
Ähnlich wie in vielen anderen Bereichen des Lebens kann ein positiver erster Eindruck den Grundstein für ein erfolgreiches Praktikum legen. Pünktlichkeit, höfliches und freundliches Auftreten sowie persönliches Engagement werden auch bei uns gern gesehen. Dazu gehören neben einem gepflegten äußeren Erscheinungsbild beispielsweise auch das „Siezen" der erwachsenen Mitmenschen.

Nach dem Praktikum ist vor dem Praktikum: Was raten Sie allen, die ihr Praktikum erfolgreich absolviert haben für den weiteren Berufsweg?
Im Sinne einer Berufsorientierung gibt es für uns keine erfolglosen Praktika. Sowohl die Festigung des Berufswunsches als auch eine mögliche Abkehr sind wertvolle Erkenntnisse für den weiteren beruflichen Lebensweg.

Wir als Arbeitgeber Bundeswehr wünschen uns natürlich, dass nicht nur der Berufswunsch selbst bestätigt wird, sondern wir auch als Arbeitgeber überzeugen. Daher empfehlen wir nach Abschluss des Praktikums ein Gespräch mit einer Karriereberaterin oder einem Karriereberater. Diese unterstützen bei der Zusammenstellung der Bewerbungsunterlagen für einen zivilen Ausbildungsplatz oder einer militärischen Karriere.

Sollte der bisherige Berufswunsch nicht den eigenen Vorstellungen entsprochen haben, sind die Karriereberatenden auch gern bereit alternative Berufsbilder im Rahmen weiterer Praktika zu vermitteln.

10

Bafög, Versicherungen, Steuern und Co.

Es gibt Lustigeres im Leben, als mit Versicherungen zu kommunizieren, und Bafög-Anträge auszufüllen macht in der Regel ebenso wenig Spaß wie eine Zahnwurzelbehandlung. Doch leider musst du dich auch als Praktikant um viel Bürokratie kümmern.

10.1 Bafög

Angenommen, du bist Bafög-Empfänger und zugleich einer der Glückspilze, die für ihr Praktikum Geld bekommen – dann kann es dir leider auch passieren, dass sich dein Bafög-Satz verringert: Absolvierst du nämlich ein von der Studienordnung vorgeschriebenes Pflichtpraktikum, dann darfst du von deinem Lohn zwar die Werbekostenpauschale von jährlich 1200 € und eine Sozialpauschale von 21,6 % in die eigene Tasche stecken.

Was aber jetzt noch übrig ist, wird in Gänze vom Bafög abgezogen.

> **Beispiel**
>
> Du bekommst für sechs Monate Praktikum ein Honorar von 3600 € überwiesen. Davon ziehst du die anteilige Werbekostenpauschale für ein halbes Jahr ab. Somit bleiben 3000 €. Von denen ziehst du 21,6 % Sozialpauschale ab, das sind 648 €. Die restlichen 2352 € gehen vom Bafög weg.
>
> Bafög-Empfänger, die ein freiwilliges Praktikum absolvieren, das nicht zur vorgeschriebenen Ausbildung gehört, sind hier besser dran: Weil der Gesetzgeber ihr Praktikum als Nebenjob betrachtet, steht ihnen ein Einkommensfreibetrag zu. Verdienst du bist zu 6240 € jährlich, also 12-mal 520 €, dann erhältst du dein volles BAföG (Stand: Januar 2023). Dabei ist es egal, ob du die 6240 € an einem Tag oder über das ganze Jahr hinweg verdienst. Verdienst du innerhalb des Zeitraums mehr, wird der Teil, der „zu viel" ist, mit dem Bafög verrechnet.

10.2 Sozialversicherung

Ob ein Praktikant versicherungspflichtig ist oder nicht, hängt von verschiedenen Faktoren ab – etwa ob er für das Praktikum bezahlt wird oder ob es verpflichtender Bestandteil des Studiums ist. Es geht auch um die Frage, ob das Praktikum während des Studiums oder vorher oder nachher stattfindet.

- Wenn dein freiwilliges Praktikum unbezahlt ist, bist du von Rentenversicherung befreit. Du musst ferner keine Beiträge zahlen, wenn es sich um ein Praktikum handelt, das von der Studienordnung vorgeschrieben ist.
- Als immatrikulierter Student ändert sich während deines Praktikums nichts an deinem Krankenversicherungs-Status. Wenn du dagegen vor oder nach dem Studium ein bezahltes Praktikum absolvierst, richtet sich die Höhe des Beitrags zur Krankenversicherung nach der Höhe deines Einkommens.
- Absolvierst du ein unbezahltes freiwilliges Praktikum vor oder nach dem Studium und bist nicht in der Familienversicherung deiner Eltern versichert, musst du die Krankenkassenbeiträge selbst übernehmen, bist aber von anderen Sozialversicherungsbeträgen befreit. Verdienst du in derselben Situation bist zu 520 €, giltst du als geringfügig

beschäftigt. Dein Arbeitgeber zahlt dann Pauschalbeträge zur Sozialversicherung. Das bedeutet außerdem, dass von deinem Bruttolohn ein paar Prozent für die Rentenversicherung abgehen. Hierfür kannst du dich allerdings befreien lassen.
- Verdienst du in einem freiwilligen Praktikum während des Studiums mehr als 520 €, bist du verpflichtet, Sozialversicherungsbeiträge zu zahlen. Allerdings könntest du nun vom Werkstudentenprivileg profitieren, das dich zum großen Teil von der Sozialversicherung befreit. Die Beiträge zur Krankenversicherung gehen von deinem Gehalt weg.

Erkundige dich in jedem Fall bei deiner Versicherung, beim Studentenwerk und/oder beim Finanzamt, wovon du dich in deiner konkreten Situation befreien lassen kannst und was du bezahlen musst.

10.3 Krankenversicherung im Praktikum

Die Krankenversicherung ist ein Teil der Sozialversicherung, in die jeder Arbeitnehmer einen festen Prozentsatz seines Einkommens einzahlt. Zur Sozialversicherung gehören außerdem Pflegeversicherung, Unfallversicherung, Arbeitslosenversicherung und Rentenversicherung. Ob du auch als Praktikant Beiträge zur Sozialversicherung leisten musst, hängt von deiner konkreten Situation ab.

Generell jedenfalls gilt, dass du als Praktikant krankenversichert sein musst. In der Regel bist du dies über die Familienversicherung deiner Eltern – oder indem du dich selbst versicherst.

10.3.1 Familienversicherung

In der Familienversicherung deiner Eltern kannst du mitversichert bleiben, solange du …

- noch keine 25 Jahre alt bist.
- im Monat weniger als 520 € verdienst (Stand: Januar 2023). Hierfür wird nicht nur das Einkommen aus deinem Praktikum betrachtet, sondern auch Einkünfte aus anderen Jobs.

10.3.2 Krankenversicherung im Praktikum: Wer übernimmt die Beiträge?

Erwirtschaftest du im Praktikum mehr als 520 € im Monat, übst du eine sozialversicherungspflichtige Beschäftigung aus und bist über deinen Arbeitgeber pflichtversichert. Das bedeutet, dass deine Beiträge zur Sozialversicherung direkt von deinem Gehalt abgezogen werden. Schlechte Nachricht für schlecht bezahlte Praktikanten: Wenn du im Praktikum weniger als 520 € verdienst, bist du selbst dafür verantwortlich, dich zu versichern.

Wir empfehlen dir vor Beginn des Praktikums in jedem Fall, dich bei deiner Krankenkasse über deinen Versicherungsstatus zu erkundigen, damit du nichts übersiehst und während des Praktikums richtig und auch korrekt abgesichert bist. Besonders solltest du dich auch darum kümmern, wenn du ein Praktikum im Ausland machen willst. Mit einer gesetzlichen Versicherung bist du innerhalb der EU zwar grundsätzlich auf der sicheren Seite, dennoch ist ein zusätzlicher Schutz auch bei einem Praktikum in einem anderen EU-Land nur zu empfehlen. Außerhalb der EU solltest du dich in jedem Fall um eine eigene Auslandsversicherung kümmern.

10.4 Steuern

Als Praktikant erhältst du hoffentlich ein Entgelt. Wenn du dadurch mehr als den Grundfreibetrag verdienst, der im Jahr 2023 10.908 € umfasst, musst du – wie jeder andere Arbeitnehmer auch – Steuern auf deine Einkünfte zahlen. Verdienst du mehr als 520 € pro Monat, zieht das Unternehmen die Lohnsteuer automatisch vom Verdienst ab. Es kann sich für dich dann lohnen, eine Steuererklärung abzugeben: Du könntest dann eventuell Ausgaben für Reisekosten, Arbeitsmittel, Fahrtkosten etc. zurückbekommen.

11
Rechte und Pflichten im Praktikum

11.1 Die Vergütung

Bei verpflichtenden Praktika besteht kein Anspruch auf den Mindestlohn. Ansonsten aber kann es unter bestimmten Voraussichten für den Arbeitgeber verpflichtend sein, dich entsprechend zu bezahlen: Mindestlohn etwa gilt erstmal nur für Arbeitnehmer, die über 18 Jahre alt sind. Als Praktikant hast du ferner nur Anspruch darauf, wenn dein Praktikum länger als drei Monate dauert und das Praktikum freiwillig ist.

11.2 Der Urlaubsanspruch

Bei einem freiwilligen Praktikum ab sechs Monaten oder einer Anstellung als Werkstudent haben Praktikanten einen Urlaubsanspruch von mindestens 20 Werktagen pro Jahr. Dauert das Praktikum nur wenige Wochen oder Monate, wird der Urlaubsanspruch anteilig berechnet. Praktikanten im Pflichtpraktikum haben keinen Anspruch auf bezahlten Urlaub.

11.3 Die Arbeitszeit

Im Praktikum richtet sich die Arbeitszeit, wie bei anderen Arbeitsverhältnissen auch, nach dem Arbeitszeitgesetz. Das heißt: Die durchschnittliche Arbeitszeit pro Tag darf acht Stunden nicht überschreiten, maximal darfst du also 40 h pro Woche arbeiten. Sollte der Praktikant noch unter 18 Jahren sein, muss zusätzlich das Jugendarbeitsschutzgesetz beachtet werden.

11.4 Das Praktikumszeugnis

Nach dem Praktikum hast du das Recht, vom Arbeitgeber ein Zeugnis zu verlangen. Bei einem freiwilligen Praktikum kannst du sogar ein qualifiziertes Arbeitszeugnis einfordern.

11.5 Die Lern- und Sorgfaltspflicht

Ein Praktikant, egal ob er sich in einem freiwilligen oder einem Pflichtpraktikum befindet, muss die Weisungen des Arbeitgebers befolgen und sorgfältig und gewissenhaft arbeiten. Sollte er sich mit einer Tätigkeit überfordert fühlen, weist er den Ausbilder darauf hin, dass ihm hier noch die Qualifikation fehlt. Betriebsgeheimnisse des Arbeitgebers darf er auch nach Beendigung des Praktikums nicht ausplaudern. Und: Der Praktikant sollte nach Außen jederzeit verdeutlichen, dass er Praktikant und kein fest angestellter Mitarbeiter ist.

11.6 Kein Recht auf Übernahme in ein Arbeitsverhältnis

Als Praktikant hast du keinen Anspruch darauf, nach dem Ende des Praktikums in ein „richtiges" Arbeitsverhältnis übernommen zu werden. Eine Frage, mit der sich Arbeitsgerichte aber auseinandergesetzt haben, ist die

Frage, ob das Praktikum auf die Probezeit angerechnet werden kann, wenn sich im Anschluss ein Arbeitsverhältnis ergeben hat. In der Vergangenheit gab es darauf unterschiedliche Antworten. In der Regel aber gilt das Praktikum nicht als Probezeit für spätere Festanstellungen, denn es habe, so eine häufige Argumentation, einem anderen Zweck als darauffolgende Arbeitsverhältnisse gedient.

11.7 Praktikanten unter 18 Jahren

Für minderjährige Praktikanten gilt das Jugendarbeitsschutzgesetz. Ziel des Gesetzes zum Schutz der arbeitenden Jugend (JArbSchG) ist, Jugendliche von 15 bis 18 Jahren vor Überlastungen zu schützen. Das Gesetz bewahrt junge Menschen davor, zu früh mit der Arbeit zu starten, zu lange oder zu schwer zu arbeiten. Es grenzt Gefährdungen ein. Kinderarbeit ist grundsätzlich verboten.

Das Jugendarbeitsschutzgesetz regelt unter anderem folgende Themen:

- Arbeitszeit (§ 8 JArbSchG)
- Pausenzeiten (§ 11 JArbSchG)
- Ruhezeiten (§ 12 JArbSchG)
- Nachtarbeit (§ 14 JArbSchG)
- 5-Tage-Woche (§ 15 JArbSchG) und Wochenendarbeit

11.7.1 Arbeitszeit (§ 8 JArbSchG)

Jugendliche unter 18 Jahren dürfen maximal 40 h in der Woche beschäftigt werden. Dabei darf die tägliche Arbeitszeit 8 h nicht überschreiten.

Bei einer Arbeitszeit von mehr als 4,5 h müssen Jugendliche mindestens 30 min lang pausieren; bei mehr als 6 h gilt es, mindestens 60 min auszusetzen.

11.7.2 Ruhezeiten (§ 12 JArbSchG)

Der Freizeit für Jugendliche zwischen zwei Arbeitstagen muss mindestens 12 h betragen.

11.7.3 Nachtarbeit (§ 14 JArbSchG)

Jugendliche zwischen 15 und 18 Jahren dürfen nur in der Zeit von 6:00 Uhr bis 20:00 Uhr beschäftigt werden.

Das vollständige Gesetz kannst du hier einsehen: https://www.gesetze-im-internet.de/jarbschg/

12

Der Countdown läuft: Kurz vor dem Praktikum

12.1 Große Erwartungen und kleine Unsicherheiten

Es könnte alles so schön sein: Die Suche nach einem geeigneten Praktikumsplatz ist vorbei und dein Bewerbungsgespräch war erfolgreich. Der Praktikumsvertrag liegt unterschrieben auf dem Schreibtisch, das neue Hemd frisch gebügelt über der Stuhllehne – und der womöglich erste Eintritt in die spannende Welt der Arbeit vor dir. Ja, es könnte alles sehr schön sein. Wären da nicht eventuell diese unangenehmen Fragen in deinem Hinterkopf: Werde ich die Erwartungen des Arbeitgebers auch erfüllen? Was mache ich, wenn ich mit den Kollegen nicht zurechtkomme? Soll ich mich gleich beschweren, wenn ich das Gefühl habe, nur Hilfsdienste zu erledigen? Und wie schaffe ich es, nach dem Praktikum mit dem Unternehmen in Kontakt zu bleiben?

Solche Ängste sind nachvollziehbar, aber: Mach dir bewusst, dass das Unternehmen dich nicht ausgelost, sondern bewusst ausgesucht hat. Dass du zunächst eine ansprechende Bewerbung eingesandt und anschließend im Bewerbungsgespräch überzeugt hast. Dass man sich Gutes von dir erhofft und dennoch nicht erwartet, dass du arbeitest, als hättest du bereits 30 Jahre Berufserfahrung.

Ein Praktikum ist ein gegenseitiges Geben und Nehmen. Natürlich hängt sein Gelingen auch in großem Maße davon ab, wie das Unternehmen mit seinen Praktikanten umgeht. Doch wenn du willst, dass die folgenden acht oder zwölf Wochen gewinnbringend für dich werden, kannst du erheblich dazu beitragen – denn ohne deinen Einsatz wird auch die beste Praktikantenbetreuung der Welt nichts nützen.

Es gibt also nicht nur eine Bringschuld von Seiten des Unternehmens, sondern auch eine ‚Holschuld' des Praktikanten.

Die folgenden Kapitel werden dir helfen, diese „Holschuld" so gut wie möglich zu bewältigen.

12.2 Immer mit der Ruhe: Der Abend davor

Ein Praktikum ist etwas anderes als ein studentischer Nebenjob, den du vor allem des Geldes wegen ausübst: Kleine Pannen schlagen sich nicht gleich in einem späteren Zeugnis nieder. Bemühen solltest du dich aber schon, dass es läuft: Ein Praktikum kann Türen öffnen, die für deine spätere berufliche Laufbahn von wesentlicher Bedeutung sind. Deshalb ist es wichtig, nicht gleich am Anfang Unmut auf sich zu ziehen – denn wie im richtigen Leben entscheidet auch beim Praktikum zu einem großen Teil der erste Eindruck.

Nichts ist überflüssiger, als gleich am ersten Arbeitstag zu spät zu kommen. Das wirft ein schlechtes Licht auf dich, den neuen Praktikanten, und verärgert möglicherweise die Person, die auf dich warten musste. Deshalb solltest du nach Möglichkeit alle Faktoren, die ein Zuspätkommen verursachen können, beseitigen:

- Mach dir bewusst, dass ein Praktikum – wenn auch nur vorübergehend – die Aufgabe des studentischen Lebensstils bedeutet. Vor allem Absolventen nicht verschulter Studiengänge, bei denen relativ viel Freizeit bleibt, unterschätzen häufig die Belastung, die mit einem achtstündigen Arbeitstag einhergeht.

- Zumindest während der ersten Arbeitstage solltest du so früh ins Bett zu gehen, dass du dich in einem einigermaßen rüstigen Zustand befindest, wenn am nächsten Morgen um sieben Uhr der Wecker klingelt. Es kann auch nicht schaden, wenn du dich ein paar Tage lang ausschließlich auf das Praktikum konzentrierst. Keineswegs musst du deswegen wochenlang deine sozialen Kontakte vernachlässigen – wenn sich der neue Arbeitsrhythmus erst einmal eingependelt hat, wird auch dafür wieder Zeit und Muße sein.
- Finde heraus, wie lange du ungefähr von deiner Wohnung zum Praktikumsort brauchst – im besten Fall hast du das schon auf dem Weg zum Vorstellungsgespräch getan. Kalkuliere auch mit ein, dass der morgendliche Berufsverkehr oft zäh ist und zu Verspätungen führen kann. Bist du für das Praktikum extra für gewisse Zeit in eine andere Stadt gezogen, empfiehlt es sich, ein paar Tage vorher – wenn möglich – den Anfahrtsweg einmal „zu üben".
- Derartige Ratschläge mögen dir vielleicht nebensächlich erscheinen. Wenn du sie jedoch beachtest, ersparen sie dir einiges an unnötiger Hektik – und das kann ja nicht schaden, angesichts der neuen Herausforderungen, die das Praktikum ohnehin mit sich bringt.

12.3 Die richtige Kleidung

Zugegeben: Ein Patentrezept für die Wahl der richtigen Kleidung während eines Praktikums gibt es nicht. Dazu ist sie viel zu sehr abhängig von der Tätigkeit und Branche, in der du es absolvierst. Bei Kundenkontakten – beispielsweise in einer Bank – oder der Wahrnehmung öffentlicher Termine, zum Beispiel der Vertretung des Unternehmens bei einer Messe, wirst du um Bluse, Anzug oder zumindest Sakko oft nicht herumkommen. Anders sieht es bei Praktika in Branchen aus, in denen erfahrungsgemäß ein weniger konventioneller oder gar kein Dresscode herrscht: in Verlagen, Plattenfirmen oder Werbeagenturen.

Das heißt, solange man nicht völlig verlottert auftaucht, ist bei diesen Unternehmen alles erlaubt, was gefällt.

Was also soll ein Praktikant anziehen, wenn er sich nicht sicher ist? Zumindest für alle Praktika, die im Büro absolviert werden und bei denen weder Kundenkontakt noch öffentliche Termine anstehen, solltest du nicht zwingend elegant, aber dennoch natürlich ordentlich und gepflegt aussehen.

Man kann nie etwas falsch machen, wenn man einen Mittelweg wählt. Es gibt Kleidung, die nicht hochoffiziell, aber auch keine Freizeitkleidung ist. Im Grunde kann man sich als Praktikant anziehen wie beim 80. Geburtstag des Onkels oder beim Besuch der Erbtante, durchaus schick, aber nicht übertrieben.

Am besten ist es natürlich, die Frage nach dem firmeninternen Dresscode bereits im Vorstellungsgespräch oder nach der Zusage für das Praktikum zu klären – es reicht aber auch ein kurzer Anruf in der Personalabteilung vor Antritt des Praktikums. Und wenn du dir trotz allem unsicher bist: Komm am ersten Tag ordentlich und gepflegt –, und löse alles Weitere durch die berühmte „teilnehmende Beobachtung".

Wichtig ist generell: Trotz gewisser Zugeständnisse an die herrschende Kleiderordnung in einem Unternehmen solltest du dich immer wohl fühlen und authentisch bleiben. Wenn du wie der Abteilungsleiter in Zweiteiler und Weste erscheinst, dich dabei aber verkleidet fühlst, bringt das nichts. Von Praktikanten erwartet ein Unternehmen in der Regel höchstens „angemessene", nicht aber „angeglichene" Kleidung – nicht nur aus hierarchischen Gründen, sondern auch aufgrund der finanziellen Lage der meisten Praktikanten, die eine Investition in teure Kleidung gar nicht zulässt.

13

Der erste Tag im Praktikum

13.1 A wie Ansprechpartner: die Betreuung

Da kann das Unternehmen noch so großartig, der neue Anzug noch so schick, die Motivation noch so hoch sein – wenn sich ein Praktikant wochenlang allein durch seine Aufgabengebiete schlagen und um jede Zuwendung von Kollegen betteln muss, kann der Anfangselan bald in Frust umschlagen. Idealerweise hast du deshalb einen Betreuer, an den du dich jederzeit wenden kannst, der dich von Beginn an unter seine Fittiche nimmt, dir am ersten Tag die Kollegen vorstellt und den zukünftigen Arbeitsplatz zeigt. Gerade in größeren Unternehmen, wo Neulinge schon mal untergehen können zwischen all den Angestellten, Abteilungen und Arbeitsabläufen, ist eine solche Bezugsperson fast unerlässlich.

Falls sich diese am ersten Tag nicht herauskristallisiert, solltest du sie auf jeden Fall erfragen, da ein direkter Ansprechpartner für den Erfolg eines Projektes bzw. Praktikums unverzichtbar ist. Nicht nur wegen der Möglichkeit, bei Problemen Rücksprache zu halten, sondern auch, weil nur mit einem Betreuer ein gewinnbringendes Abschlussgespräch nach dem Praktikum (siehe Kap. 12, Punkt 3) geführt werden kann. Nur jemand, der sich über den gesamten Zeitraum ein Bild von dir machen kann, kann dich am Ende auch umfassend loben und kritisieren. Am besten ist es, mit dem Betreuer zusätzlich einen festen Termin in der Woche zu vereinbaren, an dem man sich kurz austauscht, Probleme anspricht, Wünsche äußert etc. Perfekt organisiert ist das Praktikum, wenn es zusätzlich zu Betreuer und Jour fixe auch noch einen Praktikumsplan gibt, der die Inhalte des Praktikums beschreibt und Ziele vorgibt (siehe folgender Punkt).

Ein Betreuer ist natürlich kein persönlicher Coach, der dich acht Stunden lang geduldig von Aufgabe zu Aufgabe begleitet, dir permanent über die Schulter schaut und bei jeder Kleinigkeit hilft – kein Unternehmen kann sich eine solche Ganztagesbetreuung durch Angestellte leisten. Es werden immer wieder Situationen auftreten, in denen du dich alleine „durchbeißen" und eigenverantwortlich handeln musst. Der Papierstau im Kopierer, die streikende Kaffeemaschine, der Bürostuhl, der sich nicht verstellen lässt, sind Probleme, mit denen du dich grundsätzlich nur einmal – wenn überhaupt – an den Betreuer wenden solltest. Dieser sollte ansonsten nur dann um Hilfe gebeten werden, sobald ein Unsicherheitsfaktor entsteht, der den Arbeitsprozess entweder stoppt oder einschränkt. Im Klartext heißt das: Fragen, die den Inhalt der Arbeit oder das Unternehmen an sich betreffen, kannst du jederzeit stellen, hier gilt sogar der alte Grundsatz, dass es keine dummen Fragen gibt. Viele andere Dinge lassen sich häufig mit gesundem Menschenverstand lösen.

Auch ohne Betreuer – zu dem Unternehmen nicht verpflichtet sind – kann ein Praktikum natürlich gelingen. Besonders in kleinen Betrieben mit sehr persönlicher Arbeitsatmosphäre ist ein Betreuer häufig gar nicht notwendig: Da Praktikanten dort sehr viel stärker in das gesamte Team integriert werden, können dir im Grunde alle Kollegen mit Rat und Tat zur Seite stehen – einfach, weil du als Praktikant viel mehr mit ihnen zu tun hast als in einem großen, anonymen Unternehmen. Generell ist es auch immer hilfreich, sich an andere Praktikanten zu wenden, die schon länger in der Firma sind – sie haben sicher alle schon einmal mit dem Kopierer gekämpft und helfen dir sicher gerne bei dem einen oder anderen Problem.

13.2 B wie Bildungsauftrag: der Praktikumsplan

Bei Pflichtpraktika ist er eine Selbstverständlichkeit und auch bei freiwilligen Praktika kann ein Praktikumsplan sehr hilfreich sein – wenn er nicht nur pro forma erstellt, sondern auch wirklich befolgt wird. Anders als ein Vertrag, der vor allem den zeitlichen Rahmen und die Vergütung des Praktikums festlegt, beschreibt der Praktikumsplan die Tätigkeiten und Abteilungen, die in der Zeit des Praktikums absolviert, beziehungsweise durchlaufen werden sollen. Dadurch verhindert er einerseits, dass den gesamten Zeitraum nur Tätigkeiten ausgeübt werden, die keinerlei Lerneffekt mit sich bringen. Er kann auf der anderen Seite dazu beitragen, dass sich das Praktikum auch auf Bereiche und Abteilungen ausdehnt, für die sich der Praktikant zwar nicht explizit beworben hat, die ihm aber helfen können, einen Beruf und das Unternehmen in seiner ganzen Bandbreite kennen zu lernen.

Ausgearbeitet werden kann dieser Plan natürlich nur von jemandem, der das Unternehmen kennt. Wenn du einen Betreuer hast, solltest du ihn darum bitten, einen solchen Plan mit dir zu erstellen – natürlich kann das aber auch ein anderer Festangestellter tun. Bei einem dreimonatigen Praktikum in einem Buchverlag könnte der Plan beispielsweise Folgendes festlegen: In der Abteilung, für die der Praktikant sich beworben hat – sagen wir im Lektorat –, wird er die ersten acht Wochen durchgehend verbringen. Während der letzten vier Wochen könnte er dann zumindest tageweise in die Herstellung, die Abteilung für Lizenzen und die Presseabteilung „hineinschnuppern". Wie flexibel ein Unternehmen in dieser Hinsicht ist, solltest du bereits im Vorstellungsgespräch erfragen. Häufig kümmern sich die einzelnen Abteilungen selbst um ihre Praktikanten – nicht das Gesamtunternehmen – und erwarten natürlich, dass ihnen der Praktikant während der ganzen Zeit „zur Verfügung steht".

Aber auch wenn der Praktikumsplan sich ausschließlich auf eine Abteilung bezieht, kann er sich als hilfreich erweisen, zum Beispiel bei folgendem Fall: Im Plan ist festgelegt worden, dass du spätestens nach vier

Wochen erstmals ein Verlagsgutachten schreiben, also prüfen wirst, ob ein Manuskript eventuell zur Buchveröffentlichung geeignet ist. Wenn du aber nach fünf Wochen immer noch ausschließlich Manuskripte an die Urheber zurückschickst, solltest du handeln und den Betreuer auf diesen Umstand aufmerksam machen.

Am besten ist es natürlich, im Praktikumsvertrag gleich die Anfertigung eines solchen Plans festzulegen – dann besteht sogar eine rechtliche Verbindlichkeit, auf die du verweisen kannst. Grundsätzlich sollte ein Praktikumsplan Folgendes enthalten: deinen Vor- und Nachnamen, den Zeitpunkt deines Praktikums, die einzelnen Abteilungen, die du durchläufst und die Tätigkeiten, die du dort ausüben oder lernen sollst. Wenn sich der jeweilige Betreuer ändert, kann auch das angeführt werden (vgl. Musterplan).

> Extratipp: Auch wenn von Arbeitgeberseite kein Praktikumsplan erstellt wird, kannst du dessen Grundprinzip für dich nutzen. Schreibe dir regelmäßig, am besten jeden Tag, auf, was du während deines Praktikums gemacht hast und was du auf jeden Fall noch machen und lernen willst. Damit kannst du selbst überprüfen, ob das Praktikum nur aus Hilfstätigkeiten besteht oder auch tatsächlich einen Lerneffekt mit sich bringt. Und du setzt dich selbst ein wenig unter Druck, Eigeninitiative zu entwickeln und um bestimme Aufgaben zu bitten – und das wiederum kommt bei deinen Kollegen gut an, die Praktikanten mit Engagement und Interesse schätzen. Natürlich gilt auch hier: immer freundlich bleiben, sich nicht zu weit aus dem Fenster lehnen und sofort Dinge verlangen, die nicht den Zuständigkeitsbereich eines Praktikanten fallen. Um in der Buchbranche zu bleiben: Nach einem ersten selbst geschriebenen Buchgutachten den Cheflektor mit der Übernahme der gesamten Programmplanung „entlasten" zu wollen, ist natürlich etwas übertrieben.

> **Muster Praktikums/Bildungsplan**
>
> Individueller Bildungsplan zum Praktikumsvertrag
> für Herrn/Frau: Mira Mustermann
> Praktikumszeitraum: vom 01.03.2023 bis 31.05.2023
>
> | Zeitraum | Abteilung | Inhalt | Betreuer |
> |---|---|---|---|
> | 01.03.2023 bis 31.04.2023 | Lektorat Belletristik | Einführung in allg. Verlagsvorgänge Anfertigung von Verlagsgutachten Anfertigung von Klappentexten und Programmvorschauen Teilnahme an Vertreterkonferenzen | Hr. Hinz |
> | 01.05. bis 15.05.2023 | Presseabteilung | Anfertigung von Pressetexten Hilfe bei Vorbereitung einer Autorenlesung | Fr. Kunz |
> | 16.05. bis 23.05.2023 | Herstellung | Einführung in Grafikprogramme | Hr. Mayer |
> | 24.05.2023 bis 31.05.2023 | Lizenzabteilung | Einführung in das Vertragswesen | Fr. Müller |
>
> Praktikums-/Bildungsplan

13.3 C wie Computer: der Arbeitsplatz

Ein Schreibtisch aus Mahagoniholz in einem großzügigen Bürozimmer, ein Drehstuhl mit schickem Lederbezug, durch die wandgroße Fensterfront der Blick auf die Skyline der Stadt: Das alles klingt schön und vielleicht wird es ja auch irgendwann Wirklichkeit. Irgendwann. Aber vermutlich nicht während des Praktikums. Lehrjahre sind keine Herrenjahre, und das zeigt sich nun – neben der Bezahlung – mitunter auch am Arbeitsplatz, den der Praktikant zugewiesen bekommt. In den schlechtesten Fällen kann von Arbeitsplatz auch gar keine Rede sein – dann nämlich, wenn Praktikanten einfach dahin gesetzt werden, wo gerade ein Stück freie Tischfläche erspäht wird. Wenn schnell noch ein Tisch quer zu zwei anderen Schreibtischen gestellt wird und du die nächsten Wochen eingequetscht zwischen Zimmerpalme und Drucker verbringen und dich mit einem 15 Jahre alten Laptop herumschlagen musst.

Natürlich kannst du dich in einem solchen Fall – höflich – beschweren, versichere dich aber vorher, dass du wirklich deutlich schlechter wegkommst als die anderen Kollegen. Schließlich gibt es durchaus Betriebe, in denen alle unter sehr beengten oder technisch veralteten Bedingungen arbeiten und man als Praktikant keine „Extrawünsche" äußern sollte. Nur wenn die rechtlichen Vorgaben, die ein Arbeitsplatz erfüllen muss, eklatant verletzt werden, ist ein Einspruch wirklich gerechtfertigt. Die Bildschirmarbeitsverordnung sieht zum Beispiel vor, dass der Arbeitgeber die Tätigkeit so organisieren muss, dass die Arbeit vor dem Bildschirm regelmäßig durch andere Aufgaben oder Pausen unterbrochen wird.

Die Befürchtung, als Praktikant generell schlechte Arbeitsbedingungen eingeräumt zu bekommen, ist allerdings unbegründet. In den meisten Unternehmen sind Praktikanten einkalkuliert und bekommen ohne Probleme einen ordentlichen Arbeitsplatz – genau wie die freien Mitarbeiter oder Teilzeitangestellten. Auch ein Einzelzimmer kann dann durchaus mal herausspringen, aber das ist trotz der vermeintlichen Annehmlichkeiten nicht unbedingt empfehlenswert: Einem erfahrenen Kollegen gegenüber zu sitzen, jederzeit eine Ansprechperson zu haben und den einen oder anderen Arbeitsablauf „live" zu beobachten, nutzt dir viel mehr als allein im Kämmerchen zu sitzen und ungestört telefonieren oder dein privates Instagram-Profil pflegen zu können.

Sehr häufig bekommen Praktikanten auch den Schreibtisch eines Kollegen, der gerade in Urlaub ist. Diese sehr gängige „Parkplatzmethode" hat zwar für den Praktikanten den Nachteil, dass er im Ein- oder Zweiwochenrhythmus seinen Platz räumen muss, bringt aber auch Vorteile: Schließlich lernt er durch dieses Rotationsprinzip deutlich mehr Kollegen besser kennen, als wenn er zwei Monate am selben Platz verbringen würde.

Am wichtigsten ist im Endeffekt, dass du – egal wo – immer ordentlich arbeiten kannst. Dass du stets – zumindest bei „Büropraktika" – Zugang zu einem funktionierenden Computer mit allen Programmen hast, die für ein produktives Arbeiten notwendig sind. Weiter sollten immer alle Utensilien vorhanden sein, die du häufig brauchst: Papier, Stifte, Büroklammern etc. In der Regel kann man sich im Sekretariat mit diesen Dingen ausreichend eindecken.

13.4　Praktika im Home-Office

„Online-Praktika" stellen ganz besondere Anforderungen an Praktikant*innen wie Unternehmen, die zum Teil über bislang praktizierten Homeoffice-Lösungen hinausgehen.

Waren es vor Corona lediglich 26 % die ihr Praktikum oder ihre Werkstudententätigkeit im Homeoffice absolviert haben, sind es 2022 bereits 67 % gewesen. Das ergab die nach eigenen Angaben bundesweit größte Praktikanten-Studie „Future Talents Report". Dafür hat die Unternehmensberatung Clevis im zweiten Halbjahr 2022 etwa 2950 Teilnehmende befragt, die ein Praktikum oder eine Werkstudententätigkeit absolvierten.

Praktikant*innen im Homeoffice bekommen weniger Einblick in das Firmengeschehen und haben weniger direkte Kontakte mit anderen Beschäftigten und Vorgesetzten als andere, die im Betrieb sind. Trotzdem sind Praktikant*innen mit Remote-Option laut Studie zufriedener mit ihrem Arbeitsverhältnis als jene, die ausschließlich vor Ort tätig sind. Das betrifft zumindest einige Aspekte. So sagen gut drei Viertel (79 %) der Befragten mit Homeoffice-Möglichkeit, dass sie mit ihrer Work-Life-Balance und ihrer Führungskraft zufrieden sind. Von den Befragten, die nur im Unternehmen arbeiten, zeigen sich lediglich 61 % mit ihrer Work-Life-Balance und 67 % mit ihrer Führungskraft zufrieden. Außerdem kommen mehr als drei Viertel der angehenden Berufseinsteiger (77 %) nach eigenen Angaben bei Telearbeit mit ihrer Arbeitsbelastung – Stress, Termindruck und Arbeitsaufkommen – zurecht, während dieser Anteil bei den Befragten, die in Präsenz tätig sind, mit zwei Dritteln (66 %) niedriger liegt.

Die folgenden Erfolgsfaktoren für ein gelungenes Praktikum im Home-Office gilt es zu prüfen, bevor du dich für ein Remote-Praktikum bewirbst:

- Unternehmen statten Praktikant*innen mit IT-Infrastruktur aus.
- Unternehmen bieten ein umfassendes und durchdachtes virtuelles Onboarding – neben Kennenlernen von Kolleg*innen gehören dazu auch Tutorials/Videoanleitungen zu den genutzten Tools.
- Praktikant*innen werden individuelle Ansprechpartner*innen zugeteilt (Working Buddies), die laufend Feedback geben und für Rückfragen bereitstehen.
- Kommunikation ist alles: regelmäßige Online-Meetings sind essenziell. Am besten kommt ein kurzer Videocall zu Beginn des Arbeitstages an. Ebenso hilfreich: virtuelle Coffeedates und/oder informelle Austauschrunden unter den Praktikant*innen.

14

Nächste Station: Praktikum bei der Deutschen Bahn

Annabel Merkl, bei der Deutschen Bahn für das Recruiting von Trainees und Studierende zuständig, weiß genau, welche Aufstiegschancen ihr Konzern Praktikanten bietet: Immerhin war sie dort selbst als Praktikantin tätig, bevor sie nach ihrem Studium ihre Karriere auf Schiene brachte. Sie hat viel zu tun, denn bei der Deutschen Bahn sind jedes Jahr rund 2000 Studierende beschäftigt – in allen Geschäftsbereichen. Im Interview spricht sie darüber, wie auch du es anstellen kannst, um als nächste Station in deinem Lebenslauf ein Praktikum bei der Deutschen Bahn anzusteuern.

Annabel, die Deutsche Bahn ist bundesweit für viele Bereiche des Nah- und Fernverkehrs zuständig. Kann man denn auch überall in Deutschland ein Praktikum machen – oder muss man dafür in der Konzernzentrale in Berlin arbeiten?
Nein, unsere Praktika sind deutschlandweit ausgeschrieben. An manchen Standorten bieten wir besonders viele Stellen an, etwa in Frankfurt, Berlin, Hannover und Leipzig. Die Mitarbeit ist aber auch in vielen weiteren Städten möglich. Und: Auch im Praktikantenbereich gibt es sogenannte „Wo Du Willst"-Jobs. Wenn du einen solchen hast, kannst du wirklich

von überall aus bei uns einsteigen – und würdest höchstens einmal im Monat in Präsenz erscheinen müssen. Alles weitere fände digital statt.

In welchen Unternehmensbereichen ist ein Praktikum möglich?
Tatsächlich gibt es keinen Bereich, in dem man keins machen kann: Wir sind breit aufgestellt. Du kannst dich bewerben, wenn deine Interessen im kaufmännischen Bereich liegen, du deine Zukunft als Lokführer/in siehst, in der Personalabteilung, im Controlling, im Ingenieursbereich, in der Bauüberwachung, in der IT oder im Marketing. Ich glaube, es gibt keinen Studienbereich, aus dem wir noch keine Bewerbung hatten.

Ihr habt eine Bewerberwebsite – db.jobs, auf der alle eure Stellen ausgeschrieben sind, auch die Praktikumsstellen, und über die man sich auch gleich bewerben kann. Wenn da das Traumpraktikum fehlt – ist es dann schlau, sich initiativ zu bewerben?
Wir haben tatsächlich alle unsere freien Stellen auf der Website ausgeschrieben, meist sind es etwa 400 bis 500 freie Praktikumsplätze. Da ist hoffentlich wirklich die Traumstelle dabei! Ansonsten sollte die Bewerbung tatsächlich über unsere Karriereseite hereinkommen und nicht initiativ. Bewerbung sind ganz einfach. Für Praktika und Werkstudierendentätigkeiten ist etwa kein Anschreiben mehr nötig. Es geht nur darum, den Lebenslauf und die Unterlagen zum Studium hochzuladen, im Freitextfeld die Beweggründe für das Praktikum anzugeben – und fertig.

Werden die Praktika vergütet?
Im Hochschulbereich werden alle Praktika vergütet. Die Höhe der Vergütung hängt davon ab, ob man im Bachelor- oder Masterstudium ist, ob es ein freiwilliges oder ein verpflichtendes Praktikum ist. Es gibt also eine breite Spanne, die aktuell nach oben angepasst wird. Obendrein gibt es während der Praktikumszeit Benefits, etwa vergünstigte Bahntickets für sich selbst, aber auch für Familienmitglieder und Freunde.

Müssen Praktikanten die Fahrkarte für ihr Vorstellungsgespräch selbst bezahlen?
Die Tickets würden wir natürlich erstatten – allerdings führen wir die meisten Job-Interviews inzwischen digital durch, da entfallen dann auch die Fahrtkosten. Corona hat uns diesbezüglich einen Push nach vorne ge-

geben – denn obwohl es inzwischen wieder möglich wäre, sich für ein Vorstellungsgespräch zu treffen, ist es doch effizienter, sich digital kennenzulernen. Unsere Bewerberinnen und Bewerber sind absolut digitalaffin, daher ist das auch kein Problem.

Welche Eigenschaften sollten die Praktikanten, die ihr gerne einstellen würdet, mitbringen?
Ich persönlich mag es, wenn die Bewerberinnen und Bewerber wissbegierig und voller Tatendrang sind. Wenn jemand motiviert ist, sind für mich der Studienbackground und die bereits gesammelte Erfahrung zweitrangig. Wichtiger ist es, dass das Gegenüber Lust auf die Bahn und unsere Themen hat, dass man anpacken und dabei sein will, die Bahn immer besser zu machen.

Sollte der Bewerber folglich überzeugter Bahnfahrer sein?
Es ist natürlich kein Ausschlusskriterium, wenn jemand ein Auto besitzt. Dennoch ist es schön zu hören, wenn der Interessent oder die Interessentin für die Bahn brennt und einen Beitrag zur Mobilität von Morgen leisten will. Wenn sich daraus die Motivation für die Bewerbung ableitet, ist das für uns sehr spannend.

Wie sichert die Bahn die Qualität des Praktikums?
Wir haben Leitfäden für die Einstellung, die Einarbeitung und die Bindung von Praktikantinnen und Praktikanten entwickelt – je nach Geschäftsfeld unterschiedliche. Es gibt Mentorinnen und Paten, die die Nachwuchskräfte begleiten. Praktikanten können sich außerdem bei den Events und Programmen unseres DB StudentsClub mit anderen Studierenden vernetzen und konzernweit hilfreiche Kontakte erwerben. Es gibt auch Beratungsmöglichkeiten und Trainings, etwa ein Soft-Skill-Training. Uns ist bewusst, wie wichtig diese Zielgruppe ist, um den Nachwuchs zu sichern, daher legen wir großen Wert darauf, dass die Praktika hochwertig sind und auch den Studierenden intensiv nutzen.

Wie schaffen es ehemalige Praktikanten, den Kontakt zur Bahn aufrecht zu halten?
In vielen Fällen ergibt es sich, dass man mit einer Werkstudierendentätigkeit an das Praktikum anknüpft oder dass wir Abschlussarbeiten be-

gleiten. Wir freuen uns, wenn sich Studierende melden, die gemeinsam mit uns ein Thema dafür finden wollen. Es gibt auch die Möglichkeit, sich in Talentpools aufnehmen zu lassen. Ansonsten bietet es sich an, mit den Kollegen über LinkedIn oder Xing in Kontakt zu bleiben und gerne mal nachzufragen, ob man mal wieder gemeinsam einen Kaffee trinken könnte.

15

Richtig oder falsch? Der Knigge im Praktikum

„Auf der untersten Sprosse der Erfolgsleiter ist die Unfallgefahr am geringsten", lautet ein Aphorismus. Und in der Tat ist es unwahrscheinlich, dass durch einen Praktikanten ganze Projekte aus dem Tritt geraten oder Unternehmen in den Ruin getrieben werden. Das Einzige, was sich ein Praktikant wirklich verbauen kann, ist die eigene Zukunft in dem Unternehmen, in dem er gerade ist. Vermeiden kannst du das, wenn du drei Dinge beachtest:

- Du arbeitest engagiert in dem dir möglichen Rahmen.
- Du verhältst dich korrekt und höflich Verhalten gegenüber den Kollegen.
- Du hast die Fähigkeit, mit Menschen und (deren) Entscheidungen vernünftig umgehen zu können.

In Bezug auf die beiden letzten Punkte gibt es natürlich keine Regeln, die ausschließlich für Praktikanten bestimmt sind, im Gegenteil: Für sie gilt „der gleiche Verhaltenskodex" wie für jeden anderen Mitarbeiter auch. Trotzdem kann es bei Praktikanten gleich eine weitreichendere Konsequenz haben, wenn sie einen Fauxpas im zwischenmenschlichen Bereich begehen: Einen Festangestellten, der nie grüßt und grundsätzlich vor elf Uhr nicht spricht, kann man deswegen nicht entlassen – ein Praktikant, der sich so verhält, wird es in diesem Unternehmen gar nicht erst zum Festangestellten bringen. Es lohnt sich also, einige elementare Regeln im täglichen Miteinander zu beachten.

15.1 Die lieben Kollegen – alles Duzfreunde?

Früher war die Sache einfacher. Da siezten sich die Menschen in einem Unternehmen grundsätzlich, und es war klar geregelt, wer wem das „Du" anbieten darf: die Dame dem Herrn, der Ältere dem Jüngeren, der Geschäftsführer dem Abteilungsleiter, der Abteilungsleiter dem Praktikanten. Dann kam die „New Economy", überschwemmte den deutschen Markt und spülte die guten alten Benimmregeln einfach weg – oder weichte sie zumindest auf. Mittlerweile gelten die klassischen Anredeverhältnisse nur noch in konservativen Branchen – in Banken und Versicherungen beispielsweise –, während in Medienunternehmen oder Werbeagenturen meist ein lockerer Umgang gepflegt wird. Grundsätzlich ist das prima – allerdings hat sich Deutschland dadurch in Bezug auf die Anrede-Varianten in ein Land der „unbegrenzten Möglichkeiten" entwickelt: Alle siezen alle, alle duzen alle, alle siezen den Chef, während der alle anderen duzt usw. In manchen Unternehmen setzt sich auch allmählich die – aus den USA importierte – Anrede mit dem Vornamen bei gleichzeitigem Siezen durch: „Einen Moment noch, Klaus, ich bin gleich zum Diktat bei Ihnen!"

Was bedeutet das für dich als Praktikanten, wenn du neu in einem Team bist und im Umgang mit den Kollegen weder spießig noch zu frech wirken willst? Auf keinen Fall sollte man am ersten Tag reingehen und die Leute duzen – egal, welcher Altersgruppe man begegnet.

Ausnahmen gelten natürlich, wenn du als Praktikant auf deinesgleichen stößt oder wenn sich bereits während des Vorstellungsgesprächs gezeigt hat, dass sich in dem zukünftigen Team grundsätzlich alle duzen. Im Allgemeinen aber: besser einmal etwas altmodisch erscheinen als gleich zu Beginn in ein Fettnäpfchen treten. Nach einer ersten „Sie"-Anrede lachend darauf hingewiesen zu werden, dass man ruhig duzen könne, ist das kein Problem. Nach einem lockeren „Du" den konsternierten Hinweis zu bekommen, dass in diesem Unternehmen grundsätzlich gesiezt werde, ist dagegen schon unangenehmer.

15.2 Wie man in den Wald grüßt …

Wenn du nicht grüßt, hast du schon verloren: Sympathiepunkte, Ansehen und vielleicht auch die Chance, bei deinem Unternehmen nach dem Praktikum Fuß zu fassen. Denn das Grüßen gehört zu den kleinen, aber elementarsten Dingen im (Arbeits-)Alltag. Grundsätzlich gilt, dass der „Rangniedrigere" den „Ranghöheren" zuerst grüßen sollte, ganz egal, ob man sich duzt oder siezt, egal, ob man „Hallo" oder „Guten Tag" sagt. Wichtig ist allerdings, dass du den Namen der betreffenden Person nur dann ausprichst, wenn du ganz sicher bist, dass sie auch so heißt – sonst könnte es peinlich werden. Für Praktikanten, die sich auf der betriebsinternen Rangordnung nun mal sehr weit unten bewegen, gibt es in einem Unternehmen eigentlich niemanden, den sie nicht zuerst grüßen sollten – inklusive Pförtner oder Hausmeister. Alles andere könnte als Anmaßung oder Arroganz ausgelegt werden.

15.3 Gestatten, ich bin der Neue: Die richtige Vorstellung

Wer neu in einem Unternehmen ist, sollte sich vorstellen – oder vorstellen lassen. Perfekt und allen Anstandsregeln entsprechend wäre es, wenn ein Dritter – beispielsweise der Betreuer oder andere Kolleginnen – den Praktikanten allen weiteren Personen vorstellt. Keiner wird dir allerdings eine Benimmfibel oder den Praktikumsknigge um die Ohren schlagen, wenn du Eigeninitiative ergreifst und dich selbst mit den Kollegen bekannt machst. Wichtig ist dabei nur, dass du deinen vollen Namen nennst, denn mit Selbstvorstellungen wie „Hi, ich bin der Jens" können Kollegen in der Regel wenig anfangen und wichtiger noch: Sie werden es sich nicht merken! Sinnvoll ist es auch, kurz zu erklären, warum und wie lange du in dem Unternehmen bist: „Guten Tag, ich bin Jens Schneider, ich bin für zwei Monate Praktikant in dieser Abteilung."

15.4 Die Hand zum Gruße

Bei einer Begrüßung kommt es normalerweise zum Handschlag zwischen den zwei beteiligten Personen. Aber Achtung: Wenn du deinem zukünftigen Chef strahlend und mit ausgestrecktem Arm entgegengehst, mag das zwar offen und freundlich wirken, ist aber nach klassischen Benimmregeln falsch. Das Reichen der offenen Hand hieß in alten Zeiten nichts anderes als: „Schau, ich habe keine Waffe, ich komme in friedlicher Absicht und biete meine Freundschaft an." Dieses Angebot war eine große Ehre und daraus resultiert für das heutige (Berufs-)Leben, dass der „Rangniedrigere", der „Unwichtigere", warten sollte, bis ihm der Gegenüber diese Ehre erweist. Das mag zwar etwas paradox wirken angesichts der Tatsache, dass der Praktikant verbal zuerst grüßen soll, ist aber gerade in konservativen Branchen noch zu empfehlen. Seit der Corona-Pandemie ist es generell angebracht, zu fragen, ob Händereichen ok ist.

15.5 Ask or Error

Kollegen und Vorgesetzte sind auch nur Menschen. Sie haben gute und schlechte Tage. Manchmal haben sie viel Zeit, um sich um einen Praktikanten zu kümmern, manchmal gar keine. Du dagegen hast womöglich laufend Fragen, brauchst ständig Feedback und Rückversicherung – und bist dann enttäuscht über die eine oder andere schroffe oder entmutigende Reaktion eines Kollegen. Ist so etwas zu vermeiden?

Es ist eine Gratwanderung. Die Leute sind alle ziemlich im Stress, die Arbeitsverpflichtung ist riesig. Wenn einer da ist, der dauernd fragt, wird man das sicher als Störung empfinden. Der Praktikant ist ja da, weil er etwas lernen will. Und das darf ruhig deutlich gemacht werden, und zwar von Anfang an.

Tatsächlich besteht eine der größten Herausforderung für dich als Praktikant darin, die Balance zu finden zwischen Rücksichtnahme auf gestresste Kollegen und dem Wunsch, permanent und gut betreut zu werden. Die Balance zwischen Selbstständigkeit und Zurückhaltung. Der goldene Mittelweg ist auch hier die vernünftigste Lösung: Kollegen bei Problemen um Hilfe bitten? Ja, aber nur wie bereits erwähnt bei Problemen, die den „Arbeitsprozess entweder stoppen oder einschränken" (Siehe Kapitel „Praktikumsbetreuer"). Auf den Umstand hinweisen, dass du hier bist, um etwas zu lernen und dich im Moment etwas alleingelassen fühlst? Natürlich, aber bleibe dabei immer höflich und berücksichtige den Umstand, dass sich der Kollege möglicherweise gerade kurz vor einem Abgabetermin befindet und dementsprechend unter Druck steht. Und mach dir klar, dass eine etwas knappere Antwort keineswegs eine Abwertung deiner Person oder Arbeit bedeutet.

15.6 Aufmucken oder akzeptieren: Vom Umgang mit Kritik

Den perfekten Praktikanten gibt es nicht. Und gäbe es ihn, dann müsste er eigentlich kein Praktikum mehr machen – weil er alles schon kann und weiß. Natürlich wirkt Kritik immer erst einmal wie eine Kränkung, wie eine Abwertung der eigenen Leistung oder Person. Trotzdem solltest du versuchen, sie als das zu betrachten, was sie – wenn sie sachlich und konstruktiv stattfindet – eigentlich ist: der Versuch, deine Leistung zu verbessern und mehr aus dir herauszuholen. Keiner kann ausschließlich durch Lob und Schmeicheleien etwas lernen, deswegen besteht kein Grund, auf Kritik allergisch oder ablehnend zu reagieren – das kommt auch bei den Kollegen gar nicht gut an.

Natürlich sollte auch die Kritik, die du erhältst, fair und begründet sein. Entsteht bei dir das Gefühl, dass du permanent ungerecht kritisiert wirst oder dich bestimmte Kollegen regelrecht auf dem Kieker haben, solltest du deinen Betreuer einweihen.

15.7 Schleimen oder scharf kritisieren: Das richtige Selbstbewusstsein

Auf die Knie fallen, wenn der Abteilungsleiter kommt und vor Ehrfurcht nur flüsternd mit ihm kommunizieren? Den Entwurf des Chefdesigners loben, auch wenn du in deinem Leben selten etwas Schlechteres gesehen hast? Natürlich nicht! Devotes Verhalten kann nach hinten los gehen und sich als „Schleimerei" in den Köpfen der Kollegen festsetzen. Du solltest als Praktikant deine ehrliche Meinung vertreten – bei Teamsitzungen beispielsweise, in denen sich alle zu einem Projekt äußern, oder wenn Kollegen dich ausdrücklich um ein Urteil in einer Angelegenheit bitten. Falsche Freundlichkeit um des lieben Friedens willen ist da von deiner Seite nicht angebracht, auch weil deine Urteilsfähigkeit durchaus geschätzt wird. Du bist als „Neuling" noch nicht verstrickt in mögliche Fehden innerhalb einer Abteilung – und deswegen vorurteilsfrei und objektiver bei Einschätzungen von Leistungen einzelner Kollegen. Du bringst den berühmten „frischen Wind" in die Abteilungen, hast eine unverbrauchte Sicht auf viele Dinge und kannst dadurch entscheidende Impulse geben. Wenn dich also ein Kollege bittet, offen und ehrlich deine Meinung zu äußern und dabei „kein Blatt vor den Mund" zu nehmen, dann tu das auch nicht – es ist in jedem Fall im Sinne des Unternehmens. Aber Vorsicht: Kritik ist nicht gleich Kritik. Ein laxes „Nö, find ich nicht gut" bringt niemanden weiter. Versuche, konstruktive Kritik zu üben, deine Einwände zu begründen und Verbesserungsvorschläge zu machen – damit beweist du gleichzeitig Engagement.

Sparsam umgehen solltest du allerdings mit Verbesserungsvorschlägen, um die dich keiner gebeten hat. Unaufgefordert zu kritisieren, ständig an Kollegen und Projekten herumzunörgeln und den Anschein zu verbreiten, als wüsstest du als Einziger, wie der Hase läuft, ist auf Dauer ganz schlecht – weil oberschlaue Besserwisser nirgends gerne gesehen werden.

15.8 Mahlzeit! Aber wann und wie lange?

Gesetzlich steht dir nach Paragraf 4 des Arbeitszeitgesetzes bei einer Arbeitszeit von sechs bis neun Stunden eine Ruhepause von mindestens 30 min am Tag zu – und bei einer Arbeitszeit von mehr als neun Stunden mindesten 45 min. Länger als sechs Stunden am Stück darfst du nicht arbeiten. Anders sieht die Regelung für Praktikanten unter 18 Jahren aus: Bei ihnen muss die Ruhepause bereits bei einer Arbeitszeit von mehr als 4,5 h 30 min dauern; ab 6 h ist eine Stunde Pause nötig.

Meistens wird diese Ruhepause in Form der Mittagspause in Anspruch genommen und natürlich kann diese auch länger als die 30 min dauern –

solange sich die vertraglich oder mündlich vereinbarte tägliche Arbeitszeit deswegen nicht verkürzt. In einigen – gerade größeren – Betrieben kommt auch bei der Mittagspause die Stechuhr zum Einsatz. Wenn das nicht der Fall ist und auch aus dem Praktikumsvertrag nicht explizit hervorgeht, wie lange deine Mittagspause sein darf, solltest du sie trotzdem auf gar keinen Fall nach Belieben ausdehnen. Ganz im Gegenteil, so etwas sollte tunlichst unterlassen werden, will man sein Ansehen als Praktikant nicht verspielen. Penibler als so mancher Vertrag und unerbittlicher als jede Stechuhr kann nämlich ein ganz anderes „Kontrollorgan" sein: die lieben Kollegen. Nichts wird in vielen Unternehmen so wenig gern gesehen wie ein regelmäßiges Überziehen der Mittagspause – egal, ob es sich um einen Festangestellten oder Praktikanten handelt. Falls du keine Vorgaben hast, frage deinen Betreuer oder deine Kollegen, wann und wie lange sie in der Regel „zu Tisch" sind und richte dich nach diesen Zeiten. Nützen solltest du die Mittagspause vor allem, um mit Kollegen ins Gespräch zu kommen, Kontakte zu knüpfen und Relevantes zu erfahren – denn die wirklich interessanten Themen werden nicht immer nur in Konferenzen, sondern häufig beim Essen angesprochen.

15.9 Wer redet, fliegt: Das Ausplaudern von Interna

So verlockend es sein mag, wenn man sich plötzlich in einem Unternehmen und seinem spannenden Mikrokosmos aus internen Bekanntmachungen, geheimen Abläufen und Intrigen befindet: Es gibt Dinge, die man nicht nach Außen tragen darf. Denn es gilt generell, „die Interessen des Betriebes zu wahren und über wesentliche und nicht allgemein bekannte Betriebsvorgänge Stillschweigen zu bewahren." (siehe Praktikumsvertrag) Was aber genau sind „wesentliche und nicht allgemein bekannte" Vorgänge? Ist das Kantinenmenü auch schon so eine Sache – „allgemein" bekannt ist es ja auch nicht. Und dass der Abteilungsleiter stets geschmacklose Krawatten trägt – ist das ein Betriebsgeheimnis, über das alle den Mantel des Schweigens ausbreiten müssen? Nein. Betriebsgeheimnisse sind Dinge wie Patente oder Rezepte, Produktionsmechanismen und Preise, Kunden- und Lohnlisten – eben Geschäftsgeheimnisse, die einem Unternehmen möglicherweise den entscheidenden Vorsprung vor der Konkurrenz verschaffen können. Und die dürfen das Betriebsgelände nun mal nicht verlassen. Einem Arbeitnehmer droht beim Ausplaudern solcher Interna – egal, ob er es mit Absicht oder unbewusst getan hat – im schlimmsten Fall die fristlose Kündigung, einem Praktikanten somit natürlich auch. Dabei ist es ganz egal, ob eine solche Vereinbarung im Vertrag festgelegt wurde oder es lediglich mündliche Absprachen gab. Denn nach Ansicht von Arbeitsrechtlern müssen Mitarbeiter stets auch einige ungeschriebene Nebenpflichten erfüllen, unter anderem eine gewisse Treue- und Loyalitätspflicht.

> **Wichtig**
>
> §§ – das sagt das Gesetz:
> Wer als Arbeitnehmer Geschäftsgeheimnisse verrät, kann nach verschiedenen Gerichtsurteilen fristlos gekündigt werden; dasselbe gilt, wenn es um fremde Daten geht und der damit einhergehenden Verletzung von Persönlichkeitsrechten. Einer vorangegangenen Abmahnung bedarf es in diesen Fällen nicht. Ein Arbeitsverhältnis sei nicht nur auf den Austausch geldwerter Leistungen zu reduzieren, sondern schließe eine Fülle von Nebenverpflichtungen ein, urteilten etwa Richter in Berlin. So habe der Arbeitgeber eine Fürsorgepflicht, der Arbeitnehmer eine Treue- und Loyalitätspflicht.

15.10 Schweigen ist Gold: Lästern tabu

Zugegeben, es ist ja manchmal verlockend. Und es gibt einem das Gefühl, dazuzugehören und Verbündete gefunden zu haben. Und was ist schon dabei, mit Kollegin A ein bisschen über den kleinen Sprachfehler des Chefs zu witzeln und mit Kollegin B über die unbeholfenen Anbandelversuche des Abteilungsleiters bei der Sekretärin? Lästern ist eine menschliche Angewohnheit – aber im Berufsleben auch eine mit möglicherweise fatalen Folgen. Stell dir nur einmal vor, der Chef bekommt Wind von deinen Äußerungen über seine fehlerhafte Aussprache von S-Lauten! Mehr als Praktikant wirst du in diesem Unternehmen dann nicht mehr werden, egal, wie herausragend du in fachlicher Hinsicht sein magst. Dass Lästereien weitergetragen werden und irgendwann ans Licht kommen, ist nie zu vermeiden – warum sollten die Kollegen Diskretion walten lassen, wenn du es selbst nicht tust?

Deshalb: Hüte deine Zunge und lasse dich nicht allzu sehr in Lästerorgien unter angestammten Kollegen (oder den anderen Praktikanten!) verwickeln. Und wenn es unbedingt sein muss: Verschiebe das Lästern auf Gespräche mit Freunden, die mit dem Unternehmen absolut nichts zu tun haben.

Lästern ist die eine Sache. Als Praktikant seine Nase in persönliche und private Dinge hineinzustecken eine andere. Es gibt Themen, die man unter Freunden anspricht, nicht aber unter (noch völlig fremden) Kollegen. Folgende Gesprächsthemen sind für Praktikanten tabu:

- Das Privatleben deiner Kollegen. Wenn sie dir von sich aus von ihrer Scheidung oder der Affäre mit der Sekretärin erzählen – okay. Sie danach fragen – niemals. Und wenn du selbst Gesprächsbedarf über deine Ex-Freundin hast, ist das verständlich. Stille ihn aber lieber mit deinen Freunden statt mit deinen neuen Kollegen.
- Das liebe Geld. Wer was verdient – das braucht ein Praktikant nicht zu wissen.
- Dein liebes Geld. Auch über die eigenen Einkommensverhältnisse sollte ein Praktikant nicht sprechen. Das ist höchstens drin, wenn du eine Vertrauensbasis zu anderen Praktikanten geschaffen hast.

15.11 Zigarette? Vom Recht auf nikotinfreie Luft am Arbeitsplatz

Bereits seit 2002 sind Arbeitgeber gesetzlich dazu verpflichtet, Nichtraucher im Unternehmen vor den Gefahren des Passivrauchens zu schützen. Sogar eigene Raucherzonen darf es nur unter bestimmten Bedingungen geben, denn die wichtigste Regel lautet, dass Nichtraucher auf keinen Fall beeinträchtigt werden dürfen. Einen Anspruch auf eine solche Zone gibt es ohnehin nicht, genauso wenig wie auf Zigarettenpausen. Wenn man trotzdem rauchen möchte, müsste man sich sogar ausstempeln, sofern nichts anderes vereinbart ist: Rauchen ist Privatsache. Als Praktikant solltest du äußerst penibel auf diese Vorschriften achten und auf gar keinen Fall im Unternehmen zur Zigarette greifen. Selbst bei Gelegenheiten, wo du theoretisch deiner Lust frönen könntest (beim Weg im Freien zum Mittagsrestaurant etwa) solltest du Anwesende immer vorher erst fragen, ob es sie stört. Und es natürlich unterlassen, wenn dies der Fall ist. Wenn du dir das Rauchen nicht deinen Arbeitstag hindurch verkneifen kannst, solltest du idealerweise offen mit deinem Vorgesetzten darüber sprechen, wie es am besten möglich wäre.

15.12 Privat unterwegs auf Social Media?

Wenn es in vernünftigem Maß passiert, sollte es auch für Praktikanten in Ordnung gehen, ab und an eine private WhatsApp während des Arbeitstags zu schreiben und kurz zu telefonieren. Achte aber darauf, dass deine Kolleginnen und Kollegen nicht durch das ständige Brummen oder gar den lauten Klingelton deines Handys genervt werden.

Ansonsten haben in Sachen Internetnutzung viele Unternehmen ihre eigenen Regelungen getroffen und diese im Arbeitsvertrag dokumentiert. Es gibt Unternehmen, in denen die private Internetnutzung während der Arbeitszeit strikt verboten ist – schließlich hat man arbeitsvertragliche Pflichten zu erfüllen, was natürlich auch für Praktikanten gilt. Wer sich nicht daran hält und während der Arbeitszeit privat surft, kann seinen Job verlieren. Oft sind auf Büro-PCs allerdings ohnehin Seiten wie Facebook und TikTok gesperrt. Wenn der Arbeitgeber indes berechtigterweise annehmen kann, dass das Internet verbotenerweise privat genutzt wurde, darf er sogar die Browserverläufe der Mitarbeiter überprüfen.

Auf dem eigenen Smartphone indes kann der Arbeitgeber natürlich nichts ausschalten. Dennoch stellt es eine Verletzung der Arbeitspflicht dar, wenn du dabei deine Arbeitszeit verdaddelst.

Es gibt im Gegensatz dazu freilich auch Praktikumsstellen, in denen das Surfen sogar ausdrücklich zum Job gehört. Wer du in der Social-Media-Abteilung schnupperst, dürfte dein Chef begeistert sein, wenn du über die aktuellen Twitter-Trends Bescheid weißt und im Sinne des Unternehmens auf aktuelle Nachrichten reagieren kannst. Eine offizielle Erlaubnis ist dann natürlich kein Freibrief für stundenlanges Chatten mit deinen Freunden. Deine private Internet-Nutzung sollte sich tatsächlich auf Pausenzeiten beschränken.

In punkto privates Telefonieren lässt sich einiges mit gesundem Menschenverstand regeln: Freunde vom Firmentelefon aus anzurufen, wenn gerade einmal nichts zu tun ist und der Kollege das gemeinsame Büro verlassen hat, mag reizvoll sein, wird aber nicht gern gesehen. Davon abgesehen ist es peinlich, mehrmals am Tag „Ich muss jetzt Schluss machen" ins Handy oder ins Telefon zu raunen, wenn man mal wieder von einem plötzlich auftauchenden Kollegen überrascht wird. Private Gespräche solltest du von deinem Handy aus führen und das auch nur in Pausenzeiten.

15.13 Urlaub und Krankheit

Einen vollen Urlaubsanspruch (mindestens 20 Werktage im Jahr bei einer 5-Tages-Woche) hast du bei einem freiwilligen Praktikum erst nach sechs Monaten. Vorher besteht Anspruch auf ein Zwölftel des Jahresurlaubs (Teilurlaub) für jeden vollen Monat, in dem das Arbeitsverhältnis besteht. Scheidest du nach drei Monaten aus dem Arbeitsverhältnis aus, ohne vorher diesen Teilurlaub (insgesamt 5 Tage) in Anspruch genommen zu haben, hast du Anrecht auf Urlaubsabgeltung. Du kannst dann entweder fünf Tage vor Ablauf der drei Monate das Unternehmen verlassen oder dir danach den Urlaub auszahlen lassen. Der Urlaubsanspruch gilt möglicherweise nicht, wenn du lediglich als Zaungast im Unternehmen bist und der Lerneffekt viel mehr wiegt als der Leistungsaspekt, du also nicht in den Arbeitsalltag eingebunden bist. Denn: Wer nicht zum Betriebsergebnis beiträgt, bekommt keinen Urlaub.

Wenn du ein Pflichtpraktikum absolvierst, das etwa Bestandteil der Schul- oder Studienordnung ist, hast du ebenfalls keinen Anspruch auf Urlaub. Schule oder Studium werden dann als Hauptsache gesehen.

Doch keine Sorge: In der Realität funktioniert alles meist unkomplizierter. Auch wenn dem Praktikanten offiziell kein Urlaub zusteht, sind doch die meisten Arbeitgeber kulant genug, bei einem wichtigen Termin einen freien Tag zu gewähren. In manchen Unternehmen gilt sogar ganz automatisch für alle Praktikanten das Anrecht auf Teilurlaub.

Am besten ist es, mögliche Urlaubstage in einem Praktikumsvertrag von vornherein festzulegen.

Im Krankheitsfall solltest du als Praktikant die gleichen Regeln befolgen wie Angestellte: Die Krankheit melden musst du gleich am ersten Tag des Fernbleibens. Am dritten Tag reicht ein Anruf nicht mehr – dann solltest du ein ärztliches Attest vorweisen. In manchen Unternehmen ist dies sogar ab Tag 1 der Abwesenheit der Fall.

16

Probleme und ihre Lösungen

16.1 Rotieren statt Routine: Überforderung

Das Telefon klingelt ununterbrochen, auf dem Schreibtisch stapeln sich Unterlagen und harren der Bearbeitung, der Kollege hat schon dreimal angefragt, wann das Protokoll zur letzten Konferenz auf seinem Schreibtisch liegt. Auch Praktikanten können in die Arbeitsmühle geraten und sich dann – aufgrund fehlender Praxiserfahrung und Souveränität – schnell überfordert fühlen. Das kann natürlich den positiven Nebeneffekt haben, dass man lernt, Aufgaben richtig einzuschätzen, zu priorisieren und sich seiner eigenen Grenzen bewusst zu werden. In erster Linie ist es aber unangenehm und kann nur durch die Flucht nach vorn gelöst werden: Sei ehrlich zu dir und deinem Betreuer und versuche mit ihm herauszufinden, wie es zu dieser Überforderung gekommen ist. Liegt es daran, dass du nicht nein sagen kannst, wenn dir sämtliche Kollegen etwas aufbrummen, auch wenn du dann in eine zeitliche Bredouille gerätst? Oder daran, dass du immer Aufgaben annimmst, denen du fachlich gar nicht gewachsen bist und deswegen immer sehr lange dafür brauchst? Wie auch immer: Im Falle einer Überforderung hilft nur eine komplette Richtungsänderung: Lehne neue Aufgaben ab, wenn du sie dir nicht zutraust, und sprich darüber, wenn du nicht absehen kannst, wie lange du noch dafür brauchst. Und überlege gemeinsam mit deinem Betreuer, wie du dir fehlende Kenntnisse schnell aneignest.

16.2 Bleiben bis zum Umfallen

Ein Praktikant hat eine Sonderstellung. Er ist in erster Linie dazu da, um etwas zu lernen – nicht, um eine volle Arbeitskraft zu ersetzen. Ein Praktikant sollte eingearbeitet und betreut werden, er trägt weniger Verantwortung als ein Festangestellter und bezieht kein vollwertiges Gehalt. Die Frage, ob er deswegen auch in Bezug auf die Arbeitszeit eine Sonderstellung hat, ist also durchaus berechtigt. Täglich sieben bis acht Stunden zu arbeiten, erscheint vielen Praktikanten gerade dann als überflüssig, wenn sie bereits ab Mittag nichts Richtiges mehr zu tun haben und bis zum Feierabend die Zeit „absitzen" müssen. Ist es in so einem Fall legitim zu fragen, ob man nach Hause gehen kann? Und umgekehrt: Wie soll sich ein Praktikant verhalten, wenn um kurz vor sechs immer noch viel Arbeit ansteht, die sehr dringend erledigt werden müsste? Ist es sinnvoll, sich dann trotzdem zu verabschieden, während die Kollegen noch rotieren und sich auf eine Nachtschicht einstellen? Gerade wenn man bereits Absolvent ist und sich Hoffnungen auf eine Festanstellung nach dem Praktikum macht? Das alles sind Fragen, die jeder Praktikant im Einzelfall, je nach Branche und Gegebenheiten, für sich entscheiden muss. Und in der Tat: Überstunden sind nicht gleich Überstunden. Sie können sinnvoll sein, wenn der Praktikant aus ihnen einen Nutzen für später ziehen kann. Und sie können als „Ausbeutung" bezeichnet werden, wenn sie nur dazu dienen, dass der Praktikant lästige Kleinarbeiten erledigt.

Die folgenden Punkte sollen dir dabei helfen, einen Mittelweg zu finden zwischen einem starren Pochen auf deine Rechte und der totalen Aufopferung.

16.2.1 Die gesetzlichen Vorgaben

Rechtlich ist die Sache eindeutig: Die werktägliche Arbeitszeit eines Arbeitnehmers (also auch die eines Praktikanten) darf acht Stunden nicht überschreiten – das sagt Paragraf 3 des Arbeitszeitgesetzes. Die tägliche Arbeitszeit kann auf bis zu zehn Stunden verlängert werden, aber nur, wenn innerhalb von sechs Kalendermonaten oder innerhalb von 24 Wochen im Durchschnitt acht Stunden werktäglich nicht überschritten werden. An Sonn- und Feiertagen darf nicht gearbeitet werden. Ausnahme: Wenn es in bestimmten Branchen, etwa in Medienberufen, üblich ist.

Für Praktikanten, die noch nicht volljährig sind, gelten generell andere Regeln: Sie dürfen – egal in welcher Branche – nie mehr als acht Stunden täglich und 40 h wöchentlich arbeiten (§ 8 Jugendarbeitsschutzgesetz), nur an fünf Tagen in der Woche beschäftigt werden (§ 15 Jugendarbeitsschutzgesetz) und müssen zwei Ruhetage in der Woche haben, die möglichst aufeinander folgen sollten.

16.2.2 Die Vorgaben des Unternehmens

Die genaue Arbeitszeit eines Praktikanten in einem Unternehmen richtet sich nach der dort üblichen betrieblichen Arbeitszeit, wobei das Arbeitszeitgesetz nicht verletzt werden darf. Die übliche betriebliche Arbeitszeit legt beispielsweise fest, wie viele Stunden als Vollzeitkraft abzuleisten sind (in der Regel zwischen 35 und 40 h) und ist immer im Arbeits- oder Tarifvertrag festgelegt. In vielen Betrieben geben Gleitzeitregelungen vor, in welchem Rahmen die Arbeitszeit flexibel gestaltet werden kann. Im Gegensatz dazu bestimmt die Kernarbeitszeit, wann jeder Mitarbeiter anwesend sein muss.

Achte, sofern du flexibel sein kannst, auch auf deine Kollegen und dein Umfeld: Ist der Chef jeden Tag bereits um acht Uhr an seinem Schreibtisch, sollten Angestellte – und Praktikanten erst recht – nicht erst um 10 Uhr eintrudeln. Wie lange deine genaue Arbeitszeit ist, sollte möglichst schon im Praktikumsvertrag festgelegt werden.

16.2.3 Und in der Realität

Aus rechtlicher Sicht kannst du nach spätestens acht Stunden Arbeitszeit den Stift fallen lassen und nach Hause gehen, ohne dass sich dies irgendwie negativ auswirken sollte. Allerdings: Welche Rolle spielt dieser gesetzliche Hintergrund, wenn du auch künftig in dieser Firma arbeiten möchtest? Wenn sich um begehrte Festanstellungen vielleicht sogar hoch qualifizierte Absolventen, bewerben? Wenn sich die Arbeitgeber unter den zahlreichen Bewerbern die besten aussuchen können – und die mit dem größten Engagement und dem ausgeprägtesten Willen zur aufopferungsvollen Mehrarbeit? In vielen Branchen – gerade in den so genannten kreativen – bestimmten oft nicht feste Arbeitszeiten, sondern Abgabetermine, die berühmten „Deadlines", die Arbeitszeit. Ist es da sinnvoll, auf seinen rechtlich verbrieften Feierabend zu pochen? Was nützt es, nach acht Stunden die Beine hochzulegen und dabei möglicherweise den Abschluss eines hochinteressanten Projektes zu verpassen?

Natürlich bedeutet es strenggenommen, dass „Verstöße gegen Gesetze vorliegen", wenn Praktikanten mehr als die acht Stunden am Tag arbeiten. Auf der anderen Seite ist es sicher nicht immer sinnvoll, auf die gesetzlichen Grundlagen zu beharren.

Sollte die Mehrarbeit in „deiner" Firma üblich sein, solltest du selbst entscheiden, wie weit dein Engagement im Hinblick auf Überstunden gehen soll: Du weißt am besten, ob du mit den Rahmenbedingungen deines Praktikums einverstanden bist oder nicht.

Wenn du dich dafür entscheidest, Überstunden zu machen, solltest du in jeden Fall darauf achten, dass die eigentlichen Ziele eines Praktikums nie völlig außer Acht gelassen werden: Praktikanten sollen versuchen, Inhalte mitzubekommen, die ihnen im späteren Berufsleben dienlich sind.

Wichtig in Bezug auf Überstunden ist, dass:

- du bei den Tätigkeiten, denen du nachgehst, wirklich ein Lerneffekt für dich herausspringt, von dem du später profitierst. Kannst du beispielsweise in einer Werbeagentur mit dabei sein, wenn bis spät in die Nacht letzte Entwürfe für die Bewerbung um einen Großauftrag angefertigt werden, sind Spätschichten auf jeden Fall zu empfehlen – wegen der Chance, Fachliches zu lernen und weil es hochinteressant sein kann, so etwas mitzuerleben. Bis Mitternacht Briefe einzutüten, Daten einzugeben oder die Reste der letzten Betriebsfeier zu entsorgen, ist dagegen völlig indiskutabel.

- es nicht zur Regel wird. Gelegentlich und bei erwähnten interessanten Projekten mal länger zu bleiben, ist kein Problem. Das von Montag bis Freitag und über zwei Monate zu tun, ist nicht zu empfehlen, weder für den Studenten im Erstsemester noch den Absolventen, der auf eine Festanstellung hofft – dazu ist die Bezahlung (falls es überhaupt eine gibt) viel zu gering. Natürlich gibt es Branchen, in denen Nachtschichten und Arbeit an den Wochenenden üblich sind, insbesondere im Medienbereich. Die Entscheidung, wie viel Zeit und Engagement du (auch sonntags und nach 18 Uhr) für deinen Wunschberuf aufwenden willst, liegt allein bei dir.

16.3 Löcher in die Wand starren: Leerlaufzeiten

Manche Praktikanten kennen diese Situation: Während sich die Kollegen in hektischer Betriebsamkeit ergehen, sitzt man verloren und beschäftigungslos am Schreibtisch und fühlt sich so überflüssig wie ein Heizkörper im Hochsommer. Das ist unangenehm, kann aber während eines Praktikums immer wieder vorkommen. Gefragt ist dann vor allem Eigeninitiative:

Praktikanten sollten auch auf eigene Faust versuchen, unbearbeitete Themen zu finden und dann anbieten, das Thema zu übernehmen. Wer eine gewisse Sensibilität für Themen hat, findet überall unbeackerten Boden, den man bearbeiten kann.

Als Erstes solltest du zunächst deinen (möglicherweise auch gestressten) Betreuer höflich fragen, ob er Aufgaben hat, die du übernehmen kannst. Wenn das nicht der Fall ist, kannst du dich ruhig auch mal an andere Kollegen in deiner Abteilung wenden. Auch an solche, mit denen du bislang noch nicht viel Kontakt hattest. Sag ihnen, dass du im Moment beschäftigungslos bist und frage, ob du dich nützlich machen kannst. Damit schlägst du mehrere Fliegen mit einer Klappe: Du zeigst Engagement und lernst andere Kollegen kennen. Oft sind diese Kollegen sogar dankbar, wenn ein Praktikant sie entlastet, der gar nicht „ihrer" ist, und geben ihm gerne kleinere Aufgaben.

Wenn sich auch nach einem engagierten Streifzug durch die Büros keine Tätigkeit ergibt, ist das noch lange kein Grund, den Rest des Tages mit privaten Chat-Korrespondenzen und Telefonaten zu verbringen. Gerade in der Anfangsphase gibt es für einen Praktikanten zahlreiche Möglichkeiten, sich über „Durststrecken" hinwegzuretten:

- Vielleicht lernst du ein bestimmtes Computer-Programme erst während des Praktikums kennen. In diesem Fall kann es nicht schaden, sich einige Zeit ausschließlich damit zu beschäftigen und einfach herumzuprobieren.
- Sich mit der Branche und deren Anforderungen vertraut zu machen, ist gerade für Praktikumsdebütanten sinnvoll. Aber auch wenn du ein erfahrener „Praktikumshase" bist, schadet es dir sicher nicht, noch einmal Fachbücher durchzulesen, in denen die Wörter „Einführung" oder „Grundkenntnisse" im Titel stehen, oder Fachzeitschriften.
- Eine Abteilung ist die eine Sache, ein ganzes Unternehmen eine andere. Die Website, Organigramme und das Intranet bieten einen guten Überblick über den Gesamtbetrieb und können Fragen klären, mit denen du dich vielleicht noch nicht beschäftigt hastet: Was genau macht eigentlich das Unternehmen? Was sind die Produkte? Wer sind seine Kunden? Was gibt es für Abteilungen? Wer sind die Ansprechpartner für die verschiedenen Bereiche? Gibt es Filialen im Ausland?
- Internetrecherche ist nicht gleich Internetrecherche. Planlos in den unendlichen Weiten des Netzes herumsuchen, bringt dir nicht viel. Sich nach Neuigkeiten aus der Branche zu erkunden, zu beobachten, was die Konkurrenz macht, kann dagegen gewinnbringend sein – für den Praktikanten und das Unternehmen.
- Da Leerlaufphasen nicht ewig andauern, ist es ratsam sich schon einmal für die nächsten Tage zu wappnen. Dazu kann das Notieren von Fragen gehören, die einem in der „ruhigen Zeit" eingefallen sind, das Sammeln von Vorschlägen, die man in Hinsicht auf ein Projekt machen will oder die Weiterführung eines persönlichen Projektplans, in dem man festlegt, was in der nächsten Zeit auf dem Praktikumsstundenplan stehen soll. (vgl. Kap. 2, Punkt 2: Praktikumsplan)

16.4 Moderner Dreikampf: Kopieren, Kuschen, Kaffeekochen

Es war lange ein Problemklassiker: Der Praktikant wird zwar rund um die Uhr von den Kollegen mit Aufgaben versorgt, ist von früh bis spät eingespannt – und trotzdem unglücklich. Weil er zwar viel arbeitet und „machen darf", dabei aber hauptsächlich den Dreikampf aus Kaffeekochen, Kopieren und Kurierdienst bestreitet. Weil er vor allem Tätigkeiten nachgeht, die ihn nicht wirklich weiterbringen, den Kollegen aber lästige Arbeit vom Hals schaffen.

Rein rechtlich gesehen ist so ein Zustand nicht in Ordnung: Aus § 138 II BGB lässt sich folgern, dass kein Praktikum vorliegt, wenn nicht der Erwerb praktischer Kenntnisse im Vordergrund steht, sondern die Erbringung einer Arbeitsleistung. Zwar könne zwischen Praktikant und Unternehmen vereinbart werden, dass die Arbeitsleistung unentgeltlich erbracht werden soll. Aber liegt ein auffälliges Missverhältnis zwischen Leistung und Gegenleistung nach § 138 II BGB vor, dann gilt das Rechtsgeschäft und somit der Arbeitsvertrag als nichtig.

In der Realität ist die Sache leider nicht so einfach: Es ist kaum nachweisbar, ob nun im Einzelfall die Arbeitsleistung oder der Erwerb praktischer Kenntnisse überwiegt – und kein Praktikant, der sich Hoffnung auf einen Job macht, wird seinen möglichen Arbeitgeber in dieser Sache verklagen. Dazu kommt die Frage: Wann sind Kenntnisse praktisch und bringen den Praktikanten weiter?

Sicherlich, wenn der Praktikant dabei etwas lernt, was zuträglich für seine spätere Arbeit ist. Nehmen wir das Beispiel Powerpoint-Präsentationen erstellen: Dies gehört zum Spektrum, das ein künftiger Absolvent draufhaben könnte. Es ist daher eine adäquate Tätigkeit.

Im Klartext: Auch von scheinbar unspektakulären Aufgaben kannst du profitieren – vor allem wenn sie neu für dich sind. Und auch mit den so genannten unqualifizierten Hilfstätigkeiten wie Ablage oder Kaffeekochen ist es so eine Sache: Falls auch angestammte Kollegen diese von Zeit zu Zeit übernehmen, solltest du dich ihnen als Praktikant natürlich nicht vollständig verweigern und stur auf „angemessene" Beschäftigung pochen.

Überheblichkeit ist nie gut. Viele Praktikanten denken, ich studiere, ich habe schon das eine oder andere Praktikum gemacht und muss mich jetzt mit einfältigen Aufgaben beschäftigen. Was sie nicht berücksichtigen: Zunächst müssen die einfachen Tätigkeiten beherrscht werden. Erst wenn die alltäglichen Routinejobs sehr gut bewältigt werden, können anspruchsvollere Aufgaben folgen.

Problematisch ist es dementsprechend nicht, wenn du gelegentlich Hilfstätigkeiten übernimmst, sondern wenn du es ausschließlich tust.

Denn: Jeder muss mal kopieren, jeder muss mal eine Datei pflegen – aber nicht auf Dauer, das ist der Punkt. Sonst ist das Praktikum sinnlos, vergeudete Lebenszeit für wenig Geld. Vergeudete Lebenszeit, die eigentlich besser genützt werden könnte. Der Unterschied zwischen einem regulären Arbeitsverhältnis und einem Praktikum liegt im Charakter des Lernens und des sich Einarbeitens in eine Themenstellung oder ein Aufgabengebiet.

Am besten ist es, einen Praktikumsvertrag abzuschließen, in dem entweder diverse qualifizierte Tätigkeiten schon festgelegt sind oder die Anfertigung eines Praktikumsplan mit genauen Aufgaben und Zielsetzungen vereinbart wird. (vgl. Kap. 2, Punkt 2: Praktikumsplan)

Wenn du ausschließlich unqualifizierte Hilfstätigkeiten ausübst, solltest du möglichst bald ein Gespräch mit deinem Betreuer führen und darin die eigenen Ansprüche an das Praktikum als auch an den Bildungsauftrag geltend machen.

Mehr als Eigeninitiative ergreifen und um zusätzliche qualifizierte Aufgaben zu bitten, kannst du in einer solchen Situation nicht tun – wenn sich auf Dauer nichts an deinen Tätigkeiten ändert, musst du dich möglichen Konsequenzen stellen. (siehe Kap. 11, Punkt 5: Praktikumsabbruch)

> Extratipp: Ein Praktikum sollte qualifiziert sein und dir fundiertes Wissen aus einer Branche vermitteln. Wie aber kannst du das Problem mit den Leerlaufzeiten und unqualifizierten Tätigkeiten von Grund auf verhindern? Ganz einfach: durch genaues Lesen der Anzeige, mit der ein Unternehmen seine Praktikanten sucht. Je detaillierter darin die Aufgaben und die Qualifikationen des zukünftigen Praktikanten beschrieben sind, desto unwahrscheinlicher ist es, dass du später mit unqualifizierten Tätigkeiten beschäftigt sein wird.

16.5 Allein auf weiter Flur: Kein Ansprechpartner

Das Problem wurde bereits angesprochen: Ein Praktikum in einem großen Unternehmen leidet darunter, wenn es keine Ansprechperson gibt, an die sich der Praktikant bei Fragen wenden kann. Die Lösung ist ebenso schlicht, wie wirkungsvoll: Erkundige dich, ob es einen für dich zuständigen Betreuer gibt. Wenn sich herausstellt, dass ein einzelner Betreuer nicht vorgesehen ist, frage einen Kollegen, der dir sympathisch ist, dessen Arbeit dir interessant erscheint, ob er dich für das Erste einweisen kann. Wie immer ist auch bei diesem Problem Prävention das Beste: Da ein Betreuer ein wesentlicher Bestandteil eines qualifizierten Praktikums ist (vgl. Kap. 3, Punkt a, S.) solltest du möglichst schon im Bewerbungsgespräch herausfinden, ob es einen solchen gibt.

16.6 Lieber ein Ende mit Schrecken: Praktikumsabbruch

Wenn sich oben genannte Probleme nicht oder nur in unbefriedigender Weise lösen lassen, kann es gut sein, dass du nach zwei, drei Wochen über einen vorzeitigen Abbruch des Praktikums nachdenkst. So legitim das ist – bevor du deinen Entschluss wirklich in die Tat umsetzt, solltest du dir folgende Argumente für ein Durchhalten durch den Kopf gehen lassen:

- Das Praktikum ist ein Pflichtpraktikum, das du im Rahmen deines Hochschulstudiums absolvierst und bei einem Abbruch zu einem späteren Zeitpunkt wiederholen müsstest. Das würde dich sehr ärgern.
- Das Praktikum wird ganz anständig bezahlt und kann als (finanzieller) Ersatz für einen Ferienjob angesehen werden.
- So langweilig die meisten deiner Tätigkeiten auch sind – bei einigen springt doch ein gewisser Lerneffekt heraus: Beispielsweise hast du dir spezielle Software-Kenntnisse angeeignet. Obendrein bist du viel gewandter im Umgang mit Arbeitskollegen als vorher.
- Du triffst interessante Menschen und erhältst wichtige Einblicke in eine Branche und ein Unternehmen.

- Das ganze Praktikum hat den Charakter einer einzigen Herausforderung angenommen und du willst dir und anderen beweisen, dass du dich in einer solchen Situation behaupten und das Beste daraus machen kannst.
- Der Name des Unternehmens ist so beeindruckend, dass ein Praktikum dort auf jeden Fall ein Glanzlicht im Lebenslauf ist – egal wie unqualifiziert es ist.

Du hast auf alle oben aufgeführten Punkte mit einem entschiedenen „Nein!" geantwortet? Dann ist ein Abbruch sogar das Sinnvollste. Allerdings: Ohne Erklärung dem Arbeitsplatz von einem Tag auf den anderen einfach fernzubleiben, ist natürlich ein Unding – und übrigens auch nicht rechtens, wenn vor dem Praktikum ein Vertrag abgeschlossen wurde, in dem Kündigungsfristen festgelegt sind. Ratsamer ist es, sich mit dem Betreuer oder einem Vorgesetzen zusammenzusetzen und ihm die Gründe für den Abbruch klipp und klar darzulegen. Wer weiß – vielleicht ist es ja nach einem solchen Grundsatzgespräch doch möglich, das Steuer noch einmal herumzureißen.

Wenn das nicht der Fall ist und du das Unternehmen vorzeitig im Unfrieden verlässt, musst du damit rechnen, vom Arbeitgeber kein qualifiziertes Arbeitszeugnis, sondern maximal eine knappe Bestätigung zu bekommen.

17

Jetzt gibt's Klartext – das Abschlussgespräch

So positiv dein Zeugnis auch sein oder zumindest klingen mag – in einem Abschlussgespräch können durchaus auch kritischere Töne angeschlagen werden. Das sollte dich jedoch nicht davon abhalten, deinen Betreuer oder einem Vorgesetzten um ein „finales" Treffen zu bitten. Die Initiative dazu sollte sogar von dir ausgehen, weil Angestellte Praktikanten in der Regel nicht nachrennen und ihnen unaufgefordert ihre Meinung mitteilen. Du aber kannst auch jetzt noch viel daraus mitnehmen, was dich beruflich weiterbringt: Kümmere dich also um einen letzten Gesprächstermin!

Oft sind sich Praktikanten auch nach wochenlangen Einblicken in die Arbeitsläufe einer Branche nicht sicher, ob sie dort wirklich einmal arbeiten wollen – beziehungsweise überhaupt für sie geeignet sind. Ein im Umgang mit Praktikanten geschulter Kollege kann dagegen deine Chancen für ein Bestehen in einem bestimmten Berufsfeld gut einschätzen. Nehmen wir an, du hast – weil du dich für Literatur, Kunst und Theater interessierst – ein Praktikum bei einer Eventagentur gemacht, vor allem kulturelle Veranstaltungen organisiert. Da kann es natürlich frustrierend sein, wenn der Betreuer sagt, dass er zwar dein aus dem Germanistik-Studium mitgebrachtes Fachwissen schätze, dich aber in kommunikativer

Hinsicht eher in einem Verlag sehen würde, der Gesamtausgaben klassischer Autoren herausgibt. So eine Äußerung mag zunächst schockierend sein, aber sicher auch hilfreich. Vielleicht gestehst du dir dann ein, dass Kontaktarbeit, Telefonieren, die Koordinierung von Meetings, die Entwicklung von Finanzierungen, die Koordination der extern ausgeführten Arbeiten und alles andere, was in Agenturen anfällt, wirklich nicht dein Ding ist – und sattelst dann rechtzeitig um.

Abschlussgespräche können aber auch genau gegenteilig enden: mit der Aufforderung, dieser Branche treu zu bleiben, mit einem motivierenden „Machen Sie weiter so!" oder sogar mit dem Angebot, dem Unternehmen auf die eine oder andere Weise verbunden zu bleiben: als Werkstudent, freier Mitarbeiter oder – wenn du bereits Absolvent bist – als Festangestellter. Das wäre natürlich der Bestfall, sofern du das auch willst. Aber auch wenn sich nicht von alleine und nicht sofort die Gelegenheit zu einer weiteren Zusammenarbeit ergibt, gibt es zahlreiche Möglichkeiten, mit dem Unternehmen in Kontakt zu bleiben.

18

Praktikumsbericht

Das Internet ist voll mit ihnen: So genannte (in der Regel freiwillig erstellte) Praktikumsberichte, in denen ehemalige Praktikanten euphorisch oder frustriert von großen Tagen bei der Firma XY oder dunklen Stunden im Unternehmen YZ erzählen (– in letztem Fall dann meistens anonym). Streng genommen fallen diese oft tagebuchähnlichen Stücke allerdings unter den Begriff „Erfahrungsbericht". „Richtige" Praktikumsberichte sind nach bestimmten Vorgaben anzufertigen und müssen nach dem Absolvieren eines Pflichtpraktikums geschrieben werden (vgl. Kap. 1). Diese Berichte sollen Studierenden, der Reflexion des eigenen Professionalisierungswegs und der theoretischen Aufarbeitung des Praktikums dienen. Oder einfacher gesagt: Der Praktikumsbericht hilft sowohl dem ehemaligen Praktikanten als auch der Hochschule und dem Unternehmen bei der Bewertung des Praktikums. Der Praktikant bekommt einen guten Überblick über seine genauen Tätigkeiten, während die Universität überprüfen kann, ob die von ihr geforderten Lernziele auch erreicht worden sind. Davon kann dann abhängen, ob die Einrichtung, in der das Praktikum absolviert wurde, auch weiterhin dafür genützt werden kann. Wie diese Praktikumsberichte genau aussehen und aufgebaut sein sollen, ist von Fach zu Fach und Hochschule zu Hochschule verschieden. Einige Unis verlangen während des Praktikums jede Woche einen Bericht, in dem die jeweiligen Tätigkeiten und ihre Dauer beschrieben werden – und der den Fortschritt des Praktikums dokumentiert. In den Sozialwissenschaften dagegen gleicht ein längerer Bericht nach dem Grund- oder Hauptpraktikum in der Regel in Aufbau und Umfang einer Hausarbeit. In gestalterischen Fachrichtungen kann es wiederum gern gesehen sein, wenn ein Bericht auch auf Fotos und Bildern oder einem Videoblog basiert. Findet dein Praktikum in der IT-Branche statt, ist eine Powerpoint-Präsentation denkbar. Erkundige dich, was dein Betreuer an der Uni bevorzugt.

Wenn es jedenfalls klassisch abläuft, bestehen Praktikumsberichte im Allgemeinen aus folgenden Teilen:

- einem Deckblatt, das neben deinem und dem Firmennamen den Zeitraum des Praktikums und den Betreuer benennt
- einer Firmenbeschreibung, die den Tätigkeitsbereich und die Geschichte der Firma/Einrichtung beschreibt sowie Zahlen und Fakten (Anzahl der Beschäftigten, Niederlassungen etc.) nennt
- dem eigentlichen Praktikumsbericht, in dem sachlich – also ohne Wertung – die Aufgaben und Charakteristika der jeweiligen Abteilungen beschrieben werden, in denen du gearbeitet hast. Genauso wertfrei solltest du deine jeweiligen Aufgaben beschreiben
- der Praktikumsbewertung, in der du deine subjektiven Eindrücke und Bewertungen der Firma aufschreiben kannst – und sollst.

Genaue Auskunft über die Anforderungen an einen Praktikumsbericht erteilen die jeweiligen Fakultäten bzw. die dortigen Praktikantenbetreuer oder -büros.

19

Praktikum bei der Stadtsparkasse

Den Bankensektor finden viele Schüler:innen und Absolvent:innen spannend. Was sie dabei beachten sollten, haben wir Sebastian Sippel von der Stadtsparkasse München gefragt.

Was macht gute Praktikant:innen für Sie aus?
Wer sich wirklich für das Berufsbild interessiert, wird auch ein guter Praktikant und eine gute Praktikantin sein.

Leider erfolgt eine Bewerbung für ein Praktikum oft, weil sich die Eltern das wünschen oder über eine Empfehlung von Freunden oder nach dem Ergebnis eines Berufseignungstests – diese Motivation trägt oft nicht!

Wichtig sind ein gepflegtes, äußeres Erscheinungsbild und gute Umgangsformen.
Als gute Eigenschaften zählen für uns Kontaktfreudigkeit und die Bereitschaft, auf fremde Menschen aktiv zu zugehen.

Daneben spielt eine dem Alter angemessene, gute Ausdrucksweise auch eine Rolle.

Natürlich gibt es hier große Unterschiede, abhängig von der Schulbildung, dem Alter und dem sozialen Umfeld.

Worauf achten Sie bei der Betreuung von Praktikant:innen?
Nach der Praktikumszusage erhalten die Praktikant:innen ein Einladungsschreiben mit konkreten Angaben zu ihrer Einsatzfiliale und dem Ansprechpartner vor Ort.

Die Filiale wird ebenfalls rechtzeitig über den Praktikanteneinsatz informiert.

Zusätzlich gibt es eine Praktikumsmappe. Diese enthält Hinweise und Tipps zum Verhalten während des Praktikums, Regelungen in der Filiale, Formulare für tägliche Berichte, Vorstellung der Stadtsparkasse mit einem Kurzunternehmensporträt, Infos zu anschließenden Ausbildungs- und Studienmöglichkeiten, etc.

Beim Onboarding der Praktikant:innen am ersten Tag wird Ihnen ein persönlicher Betreuer zur Seite gestellt.

Oftmals sind das Auszubildende im zweiten Lehrjahr, die bereits genügend Erfahrung und einen guten Draht zu den Schüler:innen haben.

Am Ende des Praktikums findet ein Abschlussgespräch mit dem Schüler/der Schülerin statt.

Anhand der Feedbacks bieten wir sehr guten Praktikant:innen auch den sogenannten „FastPass" in die Ausbildung an und weisen auf die bevorzugte Behandlung ihrer Bewerbung hin.

Was sollten Praktikant:innen bei der Bewerbung beachten?
Die Angaben zu Softskills und den tatsächlichen Charaktereigenschaften sollten übereinstimmen.

Es wirft Fragen auf, wenn man sich selbst als offen und kommunikativ beschreibt, im Schul-Zeugnis aber eher ein ruhiger, zurückhaltender Schüler beschrieben wird.

Ebenso sollten Schüler nicht ihre mathematischen und wirtschaftlichen Stärken betonen, wenn im Zeugnis in diesen Fächern die Note ausreichend zu lesen ist.

Authentische Bewerbungen sind besser als „zurechtgebogene" Bewerbungen.

Wichtig ist auch das richtige Zeitmanagement bei der Bewerbung. Viele Bewerbungen erreichen uns erst zwei Wochen vor dem von der Schule vorgegebenen Praktikumsstart. Das ist leider oft zu spät. Aufgrund der sehr hohen Nachfrage nach Praktikumsplätzen ist eine Vorlaufzeit von drei Monaten sinnvoll.

Was raten Sie Praktikant:innen, um ihr Praktikum zum Erfolg werden zu lassen?
Sie sollten sich vor dem Praktikumsstart angemessen über die Firma und das Berufsbild informieren. Während des Praktikums können sie sich gerne proaktiv mit ihren Fragen an jüngere Mitarbeitende oder Auszubildende in der Filiale wenden. Je mehr Informationen und Eindrücke sie in der Zeit bei uns sammeln, desto besser ist es am Ende für alle Seiten. Das Praktikum sollte auch zum richtigen Zeitpunkt gewählt werden. Für Praktikant:innen, die jünger als 15 Jahre sind, ist es oftmals noch zu früh, um einen kundenorientierten Beruf mit all seinen Herausforderungen kennenzulernen – hier kann ein späterer Zeitpunkt sinnvoll sein.

Nach dem Praktikum ist vor dem Praktikum: Was raten Sie allen, die ihr Praktikum erfolgreich absolviert haben für den weiteren Berufsweg?
Viele Schulen achten bereits darauf, dass die Schüler Praktika in verschiedenen Branchen ausprobieren.

Hier macht es die Mischung aus zum Beispiel einem wirtschaftlich orientierten Unternehmen, einem Sozialpraktikum, etc.

Für eine echte Berufsorientierung können Schüler auch die Möglichkeit freiwilliger Praktika in den Ferien nutzen (Sommerferien, Herbstferien, Osterferien).

Ein Praktikum kann sowohl bei der Wahl des richtigen Ausbildungsberufes unterstützen als auch zur Erkenntnis führen, dass der richtige Ausbildungsberuf nicht „dabei war". Beides sind wertvolle Informationen. Wir raten allen Schülerinnen und Schülern unbedingt die Möglichkeiten der Berufsinformationsabende an den Schulen zu nutzen. Daneben sind auch Ausbildungsmessen eine tolle Möglichkeit sich zu informieren.

20

Das Praktikumszeugnis

Man unterscheidet grundsätzlich zwischen einfachem und qualifiziertem Arbeitszeugnis. Die einfache Form ist im Grunde lediglich ein Tätigkeitsnachweis, in dem die blanken Fakten aufgeführt werden: die Namen des Unternehmens und des Praktikanten, die Dauer des Praktikums, die Unterschrift eines Vertreters des Unternehmens. Ein qualifiziertes Zeugnis dagegen enthält darüber hinaus eine Beurteilung von Leistung und Verhalten des Praktikanten. Während bei Pflichtpraktika der reine Tätigkeitsnachweis oftmals ausreicht, auch weil es zusätzlich einen Praktikumsbericht gibt, ist bei freiwilligen Praktika ein qualifiziertes Zeugnis unerlässlich; du hast auch Anspruch darauf. Um sicher zu gehen, dass du am Ende auch eines erhältst, solltest du unbedingt einen Praktikumsvertrag abschließen, in dem festgelegt ist, dass du es bekommst. Die Praktikumsdauer ist dabei egal: Selbst, wenn du nur zwei Wochen hospitiert hast, hast du das Recht auf eine professionelle Praktikumsbeurteilung, wie es laut Paragraf 109 der Gewerbeordnung (GewO) und Paragraf 630 des BGB bestimmt ist. Darin ist auch festgelegt, dass du das Zeugnis als Ausdruck bekommen musst. Achtung: Unaufgefordert muss dir der Arbeitgeber kein Zeugnis ausstellen, du musst es einfordern – und zwar innerhalb eines Jahres. Sonst verfällt dein Anspruch. Warte aber besser erst gar nicht so lange, ein Zeugnis schreibt sich besser, wenn die Erinnerung an deine Leistung noch frisch ist.

20.1 Formale Anforderungen

Da ein Zeugnis deinem beruflichen Fortkommen dienen soll, muss die äußere Form entsprechend sein: Es sollte grundsätzlich auf Firmenpapier im DIN-A4-Format geschrieben sein, deinen Namen und deine Adresse sowie die Überschrift „Praktikumszeugnis" enthalten, die ruhig größer und fett geschrieben sein darf. Ansonsten ist jeder Schnickschnack in einem qualifizierten Zeugnis fehl am Platz: Gänsefüßchen, Kursivschrift, Unterstreichungen, Geheimzeichen, Hervorhebungen durch Ausrufezeichen, Fragezeichen und Klammern tragen nicht zur eigentlichen Aussage eines Zeugnisses bei und sollten vermieden werden.

20.2 Inhaltliche Anforderungen

Ein mustergültiges qualifiziertes Praktikumszeugnis besteht aus mehreren Abschnitten. Nach dem Firmenkopf sollten folgen:

- eine Einleitung. Darin steht die Rahmenbedingen zum Praktikum: die Dauer, der Name des Unternehmens und die Abteilung, in der es absolviert wurde (im Musterzeugnis Punkt I).
- eine Beschreibung der ausgeübten Tätigkeiten, die meistens mit dem Satzanfang „Zu seinen Aufgaben zählte …" beginnt. Je detaillierte diese Ausführung ist, umso besser (II.).
- eine Beurteilung der Lern- und Arbeitsbereitschaft, die vor allem eines aussagen will: War der Praktikant motiviert oder nicht? (Leistung I)
- eine Beurteilung der Lern- und Arbeitsbefähigung. Motivation ist schließlich nicht alles – diese Bewertung urteilt über die Fähigkeiten (u. a. Auffassungsgabe und Urteilsvermögen) des Praktikanten (Leistung II).
- die Auskunft über die Aneignung von Fachwissen während des Praktikums, gerne verpackt in Sätzen wie: „Er/Sie hat sich umfassende

Fertigkeiten und Kenntnisse im Bereich der ... angeeignet."
(Leistung III)
- eine Bewertung der Lern- und Arbeitsweise. Hier steht alles zum Thema Selbstständigkeit und Gründlichkeit. (Leistung IV)
- eine Bewertung des Lern- und Arbeitserfolges. Wie waren die erzielten Ergebnisse? (Leistung V)
- die Nennung herausragender Erfolge: Wenn es Bereiche gab, in denen der Praktikant überdurchschnittlich geleistet hat, wird das hier erwähnt. (Leistung VI)
- ein zusammenfassendes Leistungsurteil – der wichtigste Punkt in einem Zeugnis, da er die Gesamtnote wiedergibt. (Leistung VII)
- eine Schlussformel, die über das Ende des Praktikums informiert: Hat der Praktikant das Unternehmen mit Ablauf „der vereinbarten Frist" oder schon früher, möglicherweise „auf eigenen Wunsch", verlassen? (Beendigungsformel)
- Eine Dankesformel und Zukunftswünsche (Dankesformel/Zukunftswünsche)
- Die Unterschrift des Zeugnisausstellers mit Angabe von Rang und Kompetenz.

Ein Praktikumszeugnis, das nicht jeden dieser Punkte ausführlich behandelt, ist kein Grund misstrauisch zu werden. Wichtig ist, dass man nachvollziehen kann, was der Aussteller sagen will. Der Gesamteindruck entscheidet, es wird nicht erwartet, dass man bei einem Praktikanten sehr detaillierte Bewertungen abgibt.

Kritischer wird es allerdings, wenn einige wesentliche Punkte gar nicht erwähnt werden. Dabei spielt es keine Rolle, ob der Aussteller sie bewusst nicht erwähnt hat, um indirekt etwas mitzuteilen, oder es aus Unkenntnis nicht getan hat – die Folgen sind die gleichen. Fehlt beispielsweise die Aufzählung der Tätigkeiten, muss der Leser annehmen, dass du als Praktikant nichts Nennenswertes geleistet hast. Auch die Leistungszusammenfassung darf nicht fehlen, sonst ist die Gesamtnote nicht erkennbar. Weiter unverzichtbar sind die Bewertung deines Verhaltens zu internen und externen Personen sowie Angaben zu deiner Lern- und Arbeitsbereitschaft beziehungsweise -befähigung. Ob sich jemand schnell eingearbeitet und eine rasche Auffassungsgabe gezeigt hat, ist gerade bei der kurzen Zeit eines Praktikums sehr wichtig.

Fallen dir solche Auslassungen auf, solltest du den Aussteller unbedingt darauf hinweisen und nach den Gründen fragen. Ebenso solltest du nachhaken, wenn das Zeugnis lediglich von einem einfachen Angestellten unterschrieben wurde – denn die Ranghöhe des Unterzeichners ist auch ein Zeichen der Wertschätzung.

Eine Aufzählung weiterer häufiger Mängel in Arbeitszeugnissen findest du unter http://www.arbeitszeugnis.de/zeugnismaengel.php.

20.3 Sag es durch die Blume – die Zeugnissprache

Alle tun es gelegentlich. Man sagt „gar nicht so übel", obwohl man es in keiner Weise gut findet. Den neuen Bekannten nennt man in seinem Beisein „sehr kommunikativ", während er im Stillen als „nervender Dauerquatscher" bezeichnet wird. Alle versuchen gelegentlich Kritik zu üben, ohne dabei direkt und möglicherweise verletzend zu werden. Die Formulierungen in deutschen Arbeitszeugnissen basieren auf dem gleichen Prinzip. Es handelt sich um eine zunächst rein formale, nicht aber inhaltliche Umsetzung des gesetzlich geforderten Wohlwollens. Ein Zeugnis zu lesen und eins zu eins für die Wahrheit zu halten, bringt deswegen eher nichts. Man muss hinter diese Maske voller Höflichkeiten blicken, um die tiefere Aussage zu erkennen.

Das ist gar nicht so einfach, da in deutschen Arbeitszeugnissen selbst die Bewertungen schlechter Leistungen in Sätze verpackt werden, die scheinbar nur Lob enthalten – ein Lob, das mitunter sehr vergiftet sein kann. Zwar klingt eine Leistungszusammenfassung wie „Die übertragenen Aufgaben hat er zu unserer vollen Zufriedenheit erledigt" eigentlich ganz prima. In der Zeugnissprache aber bedeutet sie lediglich Note 3. Für ein „sehr gut" oder ein „gut" hätte der Praktikant die Aufgaben „stets zur vollsten" oder „stets zur vollen" Zufriedenheit erledigen müssen. Zu einem sehr guten Zeugnis gehören außerdem Verstärkungen wie „äußerst", „außerordentlich" und „über das Normalmaß weit hinausgehend" – Formulierungen wie „war stets bemüht" oder „war stets bestrebt" sollten dagegen nicht auftauchen.

Hier einige der gängigsten Beurteilungen in punkto Leistung und Sozialverhalten von Note 1 bis 3.

Note 1 (sehr gut)
- Er erledigte alle Aufgaben stets zu unserer vollsten Zufriedenheit.
- Wir waren mit seinen Leistungen jederzeit außerordentlich zufrieden.

Note 2 (gut)
- Er hat die übertragenen Aufgaben stets zu unserer vollen Zufriedenheit erledigt.
- Er hat den Erwartungen in jeder Hinsicht und bester Weise entsprochen.

Note 3 (befriedigend)
- Er erledigte die übertragenen Aufgaben zu unserer vollen Zufriedenheit erledigt.
- Er entsprach den Erwartungen in bester Weise.

Schlechter als Note 3 sind Praktikumszeugnisse äußerst selten – in einem solchen Fall müssen es schon zu schwerwiegenden Versäumnissen seitens des Praktikanten gekommen sein. Hier zwei Beispiele, die zeigen, dass selbst bei der Beurteilung katastrophaler Leistungen und miserablen Benehmens immer noch „Wohlwollen" mitschwingt:

- Er hatte die Gelegenheit, sich mit allen Arbeiten in der Abteilung vertraut zu machen. (= Aber er nutzte sie nicht; Lern- und Arbeitsbereitschaft: Note 5)
- Wir können sagen, dass sie mit den übertragenen Aufgaben durchaus zurechtkam. (= Sie erfüllte nicht einmal die Mindestanforderungen; Lern- und Arbeitsbefähigung: Note 5)

Die Sprache in deutschen Arbeitszeugnissen hat sich mittlerweile zu einer eigenen Wissenschaft entwickelt, die nicht leicht zu durchschauen ist.

20.4 Vom „geselligen" Praktikanten – unerlaubte Geheimcodes

Es gibt Dinge, die in einem qualifizierten Zeugnis nichts zu suchen haben. Dazu gehören unter anderem Aussagen über:

- Gehalt
- Kündigungsgründe
- Vorstrafen
- Krankheiten/Fehlzeiten
- Alkoholprobleme
- Gewerkschafts- oder Betriebsratszugehörigkeit
- Konfession
- sexuelle Präferenzen

Diese Punkte dürfen auch nicht in verklausulierten Formulierungen, mit Hilfe so genannter „Geheimcodes", auftauchen. Doch woran genau sind solche Geheimcodes zu erkennen? Und wodurch unterscheiden sie sich von den legalen Verschlüsselungstechniken?

Geheimcodes erkennt man insbesondere daran, dass sie in ungewöhnlicher Weise Nebensächlichkeiten betonen. „Nebensächlichkeiten" sind im Fall eines Zeugnisses Dinge, die bei der Beurteilung einer Arbeitsleistung nichts verloren haben.

Zum Beispiel der folgende Satz: „Er hat mit seiner geselligen Art zur Verbesserung des Betriebsklimas beigetragen." Jemand, der mit Geheimcodes in der Zeugnissprache vertraut ist, wird sofort erkennen, dass die Formulierung nichts anderes bedeutet als: „Er hat am Arbeitsplatz Alkohol getrunken."

Oder die Formulierung: „Für die Belange der Belegschaft bewies er immer Einfühlungsvermögen." Das klingt empathisch, bedeutet aber: „Er interessierte sich während der Arbeitszeit für das anderer Geschlecht."

Geheimcodes kann man nur komplett verstehen, wenn man die Übersetzung kennt. Man muss auf Fachseiten googeln, um zu erfahren: Aha, ‚gesellig' bedeutet also: ‚hat Alkohol am Arbeitsplatz konsumiert'. Die Abstufungen ‚zur vollsten' oder ‚zur vollen' Zufriedenheit kann ich dagegen mit sprachlichem Feingefühl auch so verstehen. Es gibt aber auch Unternehmen, die diese Abstufung nicht mit machen, weil es voller als voll nicht geht.

Geheimcodes sind gesetzlich verboten. Laut Gewerbeordnung ist es den Arbeitgebern untersagt, die Zeugnisse mit Merkmalen zu versehen, die den Zweck haben, den Arbeiter in einer aus dem Wortlaut nicht ersichtlichen Weise zu kennzeichnen.

Wenn du einen Geheimcode in deinem Zeugnis entdeckst, besteht das Recht auf eine Neuausstellung ohne diese „kritische" Bemerkung. Zur Not kannst du dieses Recht auch juristisch einklagen.

Eine ausführliche Liste mit Geheimcodes findest du unter http://www.arbeitszeugnis.de/presse/geheimcodeliste.pdf.

Muster Praktikumszeugnis Note 1

[Briefkopf der Firma bzw. Institution]
Praktikumszeugnis
Herr Stefan Westphal, geboren am 02. Mai 2000, hat vom 01. Juli bis zum 30. September 2022 ein dreimonatiges Praktikum an der Deutschen Botschaft in Bukarest absolviert. Er war im Referat für Wirtschaft und wirtschaftliche Zusammenarbeit tätig. (I. Einleitung)
Herr Westphal war während des Praktikums mit folgenden Inhalten beschäftigt:

- Einarbeitung in die Strukturen und Arbeitsabläufe der Botschaft, der Repräsentanz der deutschen Wirtschaft und des Büros der Deutschen Gesellschaft für technische Zusammenarbeit in Bukarest
- Entwurfserstellung von Briefen, Artikeln, Reden und Berichten
- Durchführung von Internetrecherchen, insbesondere zu Unternehmensanfragen
- Vorbereitung und Programmplanung von Delegationen, Sitzungen, etc.
- Betreuung von Besuchern und Delegationen

Darüber hinaus war Herr Westphal in vollem Umfang in die Arbeit des Referats eingebunden. Er hat an Terminen mit Vertretern aus Politik und Wirtschaft teilgenommen und Eindrücke vom Ablauf von Regierungsverhandlungen gewinnen können. Dabei konnte sich Herr Westphal ein umfassendes Bild von der wirtschaftlichen Situation und der aktuellen Probleme Rumäniens machen und konkrete Möglichkeiten zur Lösung dieser Probleme kennenlernen. Er nahm zudem an Besuchen auf Messen und an Seminaren teil. (II. Beschreibung Tätigkeiten)

Herr Westphal interessierte sich außerordentlich für alle praktischen Lernmöglichkeiten und war stets hochmotiviert (Leistung I: Lern- und Arbeitsbereitschaft). Er arbeitete sich aufgrund seiner raschen Auffassungsgabe äußerst schnell und sicher in komplexe Sachverhalte ein und bewies dabei eine sehr gute Problemlösungsfähigkeit sowie sehr hohe Flexibilität und Belastbarkeit. (Leistung II: Lern- und Arbeitsbefähigung) Herr Westphal hat seine beeindruckend fundierten theoretischen Kenntnisse erfolgreich praktisch umgesetzt und mit seiner sicheren Beherrschung der englischen Sprache die Kommunikation des Referats mit externen Gesprächspartnern tatkräftig und mit Erfolg unterstützt. (Leistung III: Fachwissen)

Herr Westphal wurde von der Referatsleitung wegen seiner stets äußerst zuverlässigen Lern- und Arbeitsweise und seiner entlastenden Mitarbeit sehr geschätzt. (Leistung IV: Lern- und Arbeitsweise) Er hat die gebotenen Möglichkeiten in jeder Hinsicht in beachtlicher Weise für seine praktische Ausbildung genutzt und in qualitativer und quantitativer Hinsicht Höchstleistungen erbracht. (Leistung V: Lern- und Arbeitserfolg) Herr Westphal erledigte alle Aufgaben stets zu unserer vollen Zufriedenheit. (Leistung VII: zusammenfassendes Leistungsurteil)

Sein Verhalten gegenüber Vorgesetzten und Mitarbeitern war jederzeit einwandfrei. (Verhalten I: Verhalten zu Internen) Gegenüber Gästen und Besuchern der Botschaft trat Herr Westphal sehr souverän und stets gewandt auf (Verhalten II: Verhalten zu Externen). Er wurde für seine zuvorkommende und höfliche Art sehr geschätzt. (Verhalten III: Sonstiges Verhalten)

Herr Westphal verlässt uns nach Ablauf der vereinbarten Praktikumszeit, um sein Studium der Rechtswissenschaften an der Westfälischen Wilhelms-Universität zu Münster fortzusetzen (Beendigungsformel). Für sein Engagement und seine beeindruckenden Leistungen danken wir ihm sehr und wünschen ihm für sein Studium und für seinen weiteren Berufs- und Lebensweg alles Gute und weiterhin Erfolg (Dankesformel/Zukunftswünsche).

Bukarest, 30. September 2022

Michael Schneider

Referatsleiter Wirtschaft und wirtschaftliche Zusammenarbeit (Unterschrift des Zeugnisausstellers mit Angabe von Rang und Kompetenz)

Muster Praktikumszeugnis Note 5-6

[Briefkopf der Firma bzw. Institution]
Praktikumszeugnis
Herr Stefan Westphal, geboren am 02. Mai 2000, hat vom 01. Juli bis zum 30. September 2022 ein dreimonatiges Praktikum an der Deutschen Botschaft in Bukarest absolviert. (I. Einleitung)

> Er hatte während seines Praktikums die Gelegenheit, das Referat für Wirtschaft und wirtschaftliche Zusammenarbeit kennen zu lernen. (eine Gelegenheit, die er offenbar nicht wahrnahm. Da eine detaillierte Aufgabenbeschreibung fehlt, hat Herr Westphal in den drei Monaten vermutlich nichts Nennenswertes geleistet.)
> Herr Westphal hat die ihm übertragenen Aufgaben im Großen und Ganzen zu unserer Zufriedenheit ausgeführt. (Leistungszusammenfassung: mangelhaft bis ungenügend)
> Er war stets bestrebt, die Arbeiten termingerecht abzugeben. (Er war dabei aber nicht erfolgreich. Generell weist eine Erwähnung und Betonung von Selbstverständlichkeiten wie „Pünktlichkeit" auf Defizite des Praktikanten im arbeitstechnischen Bereich hin.)
> Sein freundliches Verhalten gegenüber Mitarbeitern und Vorgesetzten gab keinen Grund zur Beanstandung. (Aber: Es gab auch keinen Grund zur Freude. Auch werden die Mitarbeiter vor den Vorgesetzten genannt, was auf Kommunikationsprobleme mit Letzterem schließen lässt.)
> Wir wünschen ihm alles Gute für die Zukunft. (Es gibt keinen Dank für die geleistete Arbeit, die offensichtlich nicht den Vorstellungen entsprach!)
> Bukarest, 30. September 2022
> Michael Schneider
> Referatsleiter Wirtschaft und wirtschaftliche Zusammenarbeit (Unterschrift des Zeugnisausstellers mit Angabe von Rang und Kompetenz)

20.5 Chance und Risiko – das Zeugnis selbst schreiben

Gar nicht selten überlassen Arbeitgeber – sei es aus Zeitmangel oder purer Faulheit – dem Praktikanten die Zeugnisanfertigung selbst. Das ist allerdings nicht immer ratsam. Besonders dann nicht, wenn man mit der Zeugnissprache nicht vertraut ist. „Wähle ich unbewusst ein Wort, das als negativ gilt – beispielsweise ‚Sie zeigte durchaus Ehrgeiz' –, ist das Zeugnis schon nicht mehr gut."

Auch die formalen Anforderungen sind nicht ohne Tücken. Wenn, sollte man vor der Anfertigung eines Zeugnisses im Internet oder in Fachbüchern recherchieren, um die Details der Zeugnissprache und die gängigen Formulierungen kennenzulernen, denn: Je mehr man sich an den Standard hält, desto weniger kann man falsch machen.

Zusätzlich kannst du ein, zwei Wochen vor Praktikumsende auf „Stimmenfang" gehen. Bitte deine Kollegen um eine objektive Einschätzung deiner Leistungen und deines Verhaltens und um eine Zusammenstellung der Tätigkeiten, die du für sie ausgeführt hast. Diese verbalen Beurteilungen können dann als Basis für die schriftliche Anfertigung des Zeugnisses dienen.

21

Verbunden bleiben – So hält der Firmenkontakt

Viele Praktikanten haben einen Traum: Den Traum, dass am letzten Tag des Praktikums der Abteilungsleiter vor ihnen steht, mit glänzenden Augen und bebender Stimme, und sagt: „Sie sind der, auf den wir immer gewartet haben! Sie müssen uns unbedingt als Werkstudent erhalten bleiben. Und wenn Sie mit dem Studium fertig sind, melden Sie sich bitte umgehend – wir haben dann selbstverständlich eine feste Stelle für Sie!"

Leider sieht es in der Realität oft anders aus. Erfolgreich absolvierte Praktika münden nicht automatisch in eine Weiterbeschäftigung durch das Unternehmen. Und gerade Studienanfänger fragen sich, wie sie bis zum Diplom den Kontakt mit der Firma halten können, die sie durch das Praktikum schätzen gelernt haben – und wie sie die Chance auf eine spätere Anstellung wahren. Im Folgenden zeigen wir einige Möglichkeiten auf, wie man mit seinem Unternehmen verbunden bleiben und die aufgebauten Netzwerke nützen kann – damit es am Ende nicht heißt: Nach dem Praktikum ist vor dem Praktikum.

21.1 Firmeneigene Bindungsprogramme

Wenn sich das mal nicht gut anhört: ein eigener Mentor, der fordert, fördert und Feedback gibt, Teilnahme an Workshops und Informationsveranstaltungen, leichtere Zugang zu weiteren (Auslands-)Praktika und Werkstudententätigkeit und letztlich ausgezeichnete Aussichten auf eine Festanstellung. Wer nach einem Praktikum in einem Studentenbindungsprogramm eines Unternehmens aufgenommen wird, kann sich glücklich schätzen. Immer mehr große Firmen filtern mit solchen Programmen, die Besten aus dem akademischen Nachwuchs heraus und binden sie mit unterschiedlichen Qualifizierungsangeboten bis zum Abschluss des Studiums und darüber hinaus an das Unternehmen.

Bei ehemaligen Praktikanten hat das Unternehmen diesbezüglich Vorteile: Man kennt die Praktikanten bereits und schätzt idealerweise den frischen Wind, den sie in die Firma gebracht haben, weil man einen guten Eindruck von der Qualität ihrer Arbeit bekommen hat.

Ein Unternehmen wie BMW beispielsweise beschäftigt bundesweit Tausende Praktikanten im Jahr – davon wird nur ein Bruchteil in das standortübergreifende studentische Förderprogramm „Fastlane" aufgenommen, und eine Voraussetzung ist ein vorhergehendes Praktikum nicht.

Dennoch ist es grundsätzlich gut zu wissen, dass eine Firma ein solches Bindungsprogramm hat: Es spornt an zu guten Leistungen und zeigt einiges über die Bedeutung der Nachwuchspflege im jeweiligen Unternehmen.

Denn werksgebundene Studenten und Praktikanten sind ganz klar auch eine Recruiting-Quelle für die Zukunft.

21.2 Für Studenten: freie Mitarbeit, Werkstudententätigkeit. Diplomarbeit

Wie gesagt: Um mit einem Unternehmen während des Studiums in Kontakt zu bleiben, braucht es nicht zwingend ein Bindungsprogramm – zumal es die bei kleinen und mittelständischen Firmen auch gar nicht gibt. In Branchen, in denen generell viele Freiberufler tätig sind – vor allem im Medien- und Verlagswesen – kann ein Praktikum auch direkt in eine freie Mitarbeit münden (vgl. auch Medienteil S.). Meistens kommt das Angebot von Arbeitgeberseite hierzu schon im Laufe des Praktikums, wenn deine Leistungen gut sind und du auch von dir aus explizit Interesse an einer weiteren Zusammenarbeit ansprichst. Spätestens beim Abschlussgespräch solltest du deinem Wunsch danach noch einmal Nachdruck verleihen.

Für Studenten, die das Vordiplom beziehungsweise die Zwischenprüfung schon absolviert haben, bieten viele Unternehmen die Möglichkeit, als Werkstudent zu arbeiten. Der Unterschied zum Praktikum: Die Arbeit ist meist projektbezogen, bereits mehr auf ein bestimmtes Berufsziel abgestimmt und – ganz wichtig – besser bezahlt. Darauf aufbauend kann auch in Kooperation mit dem Unternehmen und der jeweiligen Hochschule die Abschlussarbeit erstellt werden. Die Themen hierzu können sowohl vom ehemaligen Praktikanten/Werkstudenten als auch von Seiten des Unternehmens vorgeschlagen werden. Die Anfertigung der Abschlussarbeit wird vergütet, meistens erhält der Diplomand einen Vertrag als freier Mitarbeiter und wird unter der Berücksichtigung von den jeweiligen Hochschulbestimmungen und regionalen Gegebenheiten bezahlt.

Für all die genannten Möglichkeiten gilt: Ohne Eigeninitiative und der Nachfrage von deiner Seite kann es zwar passieren, dass dir Angebote unterbreitet werden, doch sicherer fährst du mit eigenem Zutun.

Und wenn es nicht gleich im Anschluss an das Praktikum mit freier Mitarbeit oder Werkstudententätigkeit klappt, heißt es dranbleiben – aber mit Maß.

Wenn schon einmal ein Praktikum absolviert wurde, kann man Kontakt zur der Fachabteilung halten. Man sollte es allerdings nicht übertreiben, weil die Abteilungen natürlich eine Reihe von ehemaligen Praktikanten haben – wenn die sich alle monatlich melden würden, dann wäre das zu viel.

Als Student reicht es, sich halbjährlich ins Gedächtnis zu rufen, das Unternehmen über wichtige Schritte im Studium zu informieren (beispielsweise die Zwischenprüfung), nachzufragen, ob es irgendeine Möglichkeit der Mitarbeit gibt und immer wieder Interesse zu bekunden. Hat man sich mit den Kollegen auf persönlicher Ebene sehr gut verstanden, schadet auch ein gelegentlicher Besuch nicht – allerdings ist das eher bei Unternehmen mit familiärer Atmosphäre zu empfehlen.

Und noch etwas ist zu beachten: Auch wenn du am Anfang des Studiums ein Praktikum in deiner absoluten Traumfirma absolvierst und dort unbedingt einmal arbeiten willst, solltest du dich nicht auf dieses eine Unternehmen versteifen.

Alle Praktika in einem Betrieb machen zu wollen, sich auf ein Unternehmen einzuschießen, ist riskant, da die Aufgaben dann zu einseitig ausfallen können.

21.3 Abitur, Studium – Praktikum

Es ist grundsätzlich nichts Verkehrtes, nach dem Abschluss noch ein Praktikum zu machen. Drei Umstände rechtfertigen dies sogar. Erstens: Du hast es während deiner Studienzeit aus verschiedenen Gründen nicht geschafft, Praktika zu absolvieren. Natürlich wird es dann höchste Zeit, berufliche Praxiserfahrung zu sammeln – es sei denn, du gehörst zu den Glücklichen, die es auch so zu einem festen Job gebracht haben.

Zweitens: Du hast zwar bereits Praktika gemacht, willst aber – ganz bewusst und freiwillig – noch einmal probeweise in ein Unternehmen hineinschnuppern, um deinen Lebenslauf zu ergänzen. In so einem Fall sei es gar nicht „dramatisch", wenn Absolventen noch einmal zu Praktikanten werden. Besonders wenn sie es während ihres Studiums nicht geschafft haben, ganz bestimmte Praktika zu machen, zu einer ganz bestimmten Firma zu gehen, oder wenn es sehr gut ins eigene Profil passt.

Gerade für ein Auslandspraktikum, dessen Organisation und Durchführung sehr zeitaufwendig und für viele während des Studiums nicht zu bewältigen ist, sind die Monate nach der Uni oftmals die besten.

Drittens – und jetzt nähern wir uns der aktuellen Problematik: Dir fehlen die echten Alternativen. Bewerbungen für feste Stellen haben nicht gefruchtet und planloses Rumjobben erscheint dir nicht als erstrebenswert. Also noch ein Praktikum? Für viele Absolventen eine schwierige Frage, in zweifacher Hinsicht: Zuerst: Schlecht oder unbezahlte Praktika muss man sich nach dem Studium erst einmal leisten können. Wenn deine Eltern dir also nicht finanziell unter die Arme greifen oder du auf anderem Weg Unterstützung bekommen kannst, fällt ein Praktikum sowieso flach.

Dazu kommt, dass Berufsberater einstimmig davon abraten, zu viele Praktika zu machen, mehr als drei sollten es im Grunde nicht sein. (Vgl. Abschn. 2.3) Was, wenn man diese drei bereits während des Studiums absolviert hat und nun quasi gezwungen wird, sie durch weitere zu ergänzen?

Bei zu vielen Praktika fragt sich der Personalchef natürlich, warum der Bewerber nirgends seinen Fuß in die Tür bekommen hat. Allerdings ist ein viertes Praktikum natürlich trotzdem besser als gar nichts zu machen.

Egal, aus welchem Grund du dich als Absolvent für ein Praktikum entscheidest – diese Regeln solltest du berücksichtigen.

21.3.1 Regeln für den diplomierten Praktikanten

21.3.1.1 Zielgerichtet sein

In Panik zu verfallen und dich auf die erstbesten Praktikumsstellen zu bewerben ist das Schlimmste, was du als arbeitssuchender Absolvent machen kannst – auch wenn all deine Freunde mittlerweile untergekommen sind und deine Eltern regelmäßig nachfragen, ob du jetzt „schon irgendetwas" hast. Such dir ganz gezielt ein Praktikum in dem Bereich, in dem du auch arbeiten willst. Und wenn das eine Praktikum nicht zu dem gewünschten Ergebnis führt – nämlich einer Festanstellung – und du noch eines absolvierst, dann bitte in einem ähnlichen Bereich. Es muss ein roter Faden erkennbar sein. Zwischen verschiedenen Branchen hin- und herzuspringen, mal in den Medien-, dann in den Wirtschaftsbereich hineinzuschnuppern ist leider ein Privileg von Studenten in den ersten Semestern – und selbst denen wird es von Berufsberatern nicht einstimmig empfohlen (vgl. Fachfremde Praktika, ja oder nein). Zumindest haben Studierende aber noch genug Zeit, um sich zu orientieren und festzulegen, und genug Zeit, diese Festlegung anschließend durch weitere Praktika zu zementieren. Absolventen haben diesen Spielraum in der Regel nicht – es sei denn, Papa oder ein Lottogewinn ermöglichen die ausschweifende Suche nach dem richtigen Berufszweig.

21.3.1.2 Nur mit Erkenntnisgewinn

Die anderen Maßstäbe, von denen eingangs die Rede war, betreffen vor allem die Inhalte des Praktikums. Verlange als Absolvent anspruchsvolle, eigenverantwortliche Tätigkeiten und lass dir diese unbedingt in einem Praktikumsvertrag sowie durch einen Praktikumsplan garantieren.

21.3.1.3 Nicht länger als sechs Monate

Qualifizierte Praktika sollten nicht kürzer als acht Wochen sein Aber auch nicht länger als sechs Monate – das ist die oberste Schmerzgrenze, auch wenn es sich um ein Projektpraktikum handelt. Völlig indiskutabel für Absolventen sind alle Praktika, die ein Jahr dauern und dabei schlecht bis gar nicht bezahlt werden. Denn dann ist es augenscheinlich, dass es sich nicht um ein Praktikum handelt, sondern um einen als Ausbildung getarnten Vollzeitjob. Falls du dich doch für ein so langes Praktikum entscheidest: Trau dich und frag nach den ersten Monaten (wenn sie gut gelaufen sind) nach der Möglichkeit eines befristeten Arbeitsvertrags. Fragen kostet nichts, und wenn es nicht klappt, kannst du dich immer noch entscheiden, zu den bisherigen Konditionen weiterzuarbeiten oder das Praktikum abzubrechen, denn wie gesagt: Ein paar Monate reichen einem durchschnittlich intellektuellen Absolventen, um sich das anzueignen, was ein Praktikum vermitteln soll.

Befristete Beschäftigungsverhältnisse bieten sicher nicht die optimale Sicherheit. aber die Bezahlung ist zumindest angemessen. Man sammelt Berufserfahrung und kann sich in Ruhe sukzessive weiterbewerben.

21.3.1.4 Klartext von Anfang an

Wenn du während des Praktikums den Eindruck hast, dass deine Arbeit eigentlich die einer Vollzeitkraft ist, birgt das ja auch einen Vorteil, den du als Außenstehender nicht hast: Du kannst deine Betreuer gezielt auf die Möglichkeit einer Festanstellung ansprechen – mit dem Hinweis auf die Anforderungen, die das Praktikum an dich stellt. Natürlich können deine direkten Vorgesetzten möglicherweise gar nicht über die Einrichtung neuer Planstellen entscheiden. Aber dein Anliegen vom Bewerbungsgespräch an, durch engagiertes Arbeiten deutlich zu machen und von Zeit zu Zeit nach den Aussichten zu fragen, ist für einen Absolventen die beste Möglichkeit, sich von anderen Praktikanten zu unterscheiden, die die Umstände klaglos hinnehmen.

21.3.1.5 Checkliste für den Absolventen

- Unbedingt einen Praktikumsvertrag abschließen
- Nur qualifizierte Praktika mit Erkenntnisgewinn machen
- Keine Praktika machen, die länger als sechs Monate dauern
- Keine unbezahlten Praktika machen
- Viel konsequenter die Möglichkeiten einer Übernahme durch das Unternehmen hinterfragen

21.4 Feste Stelle

Absolvierst du ein Praktikum kurz vor Studienabschluss oder als Absolvent interessieren dich freie Mitarbeit oder Werkstudententätigkeit natürlich nicht mehr – eine feste Stelle muss her. Unter perfekten Umständen klappt es manchmal tatsächlich, dass man von einem Praktikums- direkt in ein Beschäftigungsverhältnis rutscht – wenn denn die Vorteile des Praktikantendaseins auch genützt werden.

Eine ganz wichtige Aufgabe als Praktikant: Augen und Ohren offen zu halten und Kontakte zu knüpfen. Nur so bekommt man mit, dass in bestimmten Abteilungen etwas in Bewegung gerät.

Und wenn in einer Abteilung etwas in „Bewegung gerät" bedeutet das häufig Veränderungen und möglicherweise sogar eine bald freiwerdende Stelle – von der du dann als „Insider" schon vor ihrer offiziellen Ausschreibung weißt. In so einem Fall heißt es schnell handeln, den Kontakt mit den Verantwortlichen suchen, Interesse bekunden, Bewerbung schreiben – und im Glücksfall die Stelle bekommen. Wenn sich solche perfekten Umstände nicht einstellen, gibt es immer noch die Möglichkeit, sich nach dem Praktikum über offene Stellen des Unternehmens auf dem Laufenden zu halten (beispielsweise über dessen Homepage). Auf diese solltest du dich dann ganz klassisch bewerben und dabei auf die zwei schon erwähnten Vorteile hoffen, die ehemalige Praktikanten haben: Sie kennen das Unternehmen und das Unternehmen kennt sie. Lockere E-Mail-Anfragen mit Fragen wie „Wie sieht es denn eigentlich aus mit festen Jobs?" oder „Habt ihr vielleicht mittlerweile was für mich?" sind dagegen nicht mehr zu empfehlen – sie überfordern die ohnehin schon ausgelasteten Personalabteilungen und zeigen, dass du dich nicht wirklich informierst – schließlich werden Stellenangebote ja ausgeschrieben.

Viele Unternehmen sind mittlerweile auf ein Online-Recruiting-System umgestiegen, bei dem sich der Bewerber nicht um eine bestimmte ausgeschriebene Stelle bemüht, sondern sein generelles Interesse an einem Job in diesem Unternehmen mitteilt.

22

Ab ins Ausland

22.1 Praktikum im ARD-Studio New York: Wie Regina Schwab als Praktikantin auf den roten Teppich gelangte

„Think big", dachte sich Regina Schwab, 24, aus Bamberg, als sie sich auf die Suche nach einem journalistischen Praktikum machte – und noch konkreter: „Think Big Apple". Um wertvolle Erfahrungen zu sammeln, bewarb sie sich um ein vierwöchiges Praktikum im ARD-Studio in New York – und bekam die Zusage. Im Interview erzählt sie, welche bürokratischen Hindernisse sie dafür auf sich nehmen musste, welche Aufgaben sie konkret übernommen hat und warum das Erlebnis für sie teuer, aber die Erfahrung unbezahlbar war.

Regina, wie bist du an diese aufregende Praktikumsstelle beim New Yorker ARD-Studio gekommen?
Ich habe tatsächlich schlicht eine E-Mail-Bewerbung direkt an das Studio geschickt. Zunächst hörte ich eine Weile nichts weiter; drei Monate später aber kam eine Antwort mit der Frage, ob wir am kommenden Tag ein

telefonisches Vorstellungsgespräch führen könnten. Ich war zu der Zeit gerade im Urlaub, das war für mich nicht wirklich passend – aber natürlich habe ich dennoch sofort zugestimmt. Was für eine Chance! Das Telefonat fand schließlich auf Deutsch statt, in einer paar Sätzen sollte ich aber auch zeigen, dass ich Englisch sprechen kann. Im Laufe des Gesprächs wurde schließlich deutlich, dass es klappen würde: Wir sprachen dann gleich über mögliche Zeiträume für das Praktikum.

Es ist anzunehmen, dass du nicht einfach nur einen Flug buchen konntest, richtig? Welche Papiere brauchtest du für deinen Praktikumsaufenthalt?
Wichtig ist neben dem Reisepass ein Visum – ohne das geht es nicht. Bei Praktika handelt es sich dabei um das sogenannte J1-Visum, eine Einreiseerlaubnis in die USA speziell für junge Berufstätige für bis zu 18 Monate. Ich würde jedem raten, hierfür ein paar Monate Zeit einzuplanen, denn: Man muss Zeit für den Termin auf dem Konsulat einplanen, den bekommt man nicht sofort. Dort stellt man sich vor, um das Visum zu bekommen, für das man vorab einen sogenannten Sponsor braucht. Dieser bürgt für mich als Antragstellerin, damit ich tatsächlich der beschriebenen Tätigkeit nachgehe und nach dem Praktikum die USA verlassen werde. Wichtig ist, alle Papiere und die vielen benötigten Formulare im Zuge dieses Visumsverfahrens exakt und in Ruhe auszufüllen, um Fehler zu vermeiden, denn letztendlich hängt das Praktikum an der Ausstellung des Visums.

Wo findet man einen solchen Sponsor? Wer ist das?
Es handelt sich dabei um eine Organisation, die von der US-Regierung akkreditiert ist, um bei der Antragstellung zu helfen, die Berechtigung zu prüfen, Versicherungsnachweise einzureichen – und schließlich das Formular DS 2019 auszustellen, das man letztlich für den Termin bei der Botschaft braucht. Der Sponsor lässt sich das mit rund 1000 € gut bezahlen.

Wie hast du deine New Yorker Wohnung gefunden? Ging das über den Arbeitgeber?
Darum habe ich mich selbst gekümmert, aber das war vergleichsweise einfach: Ich habe sie auf Airbnb gefunden. Gut ist, sich vorher auch über die Lage viele Gedanken zu machen: Welche Viertel sind gut und sicher?

Wie lange dauert der Arbeitsweg? Kann ich die U-Bahn gut erreichen, müsste ich umsteigen – und wie lange würde das dauern? Abgesehen davon ist New York wirklich schockierend teuer: Die Mieten genauso wie jeder Einkauf im Supermarkt.

Hast du dich darauf vorbereitet, auf Englisch zu arbeiten?
Ich habe mir tatsächlich ein Buch besorgt, über das ich einige Begriffe aus dem Business English verinnerlichen konnte. Ich kann natürlich Englisch sprechen – aber hatte bisher keine Erfahrung in beruflichen Situationen. Vor Ort hat es mich schließlich sehr motiviert, mit New Yorkern zu sprechen, und es funktionierte zum Glück bestens. Ich fand es sogar schade, dass am Arbeitsplatz hingegen fast nur Deutsch gesprochen wurde.

Wie wurdest du im Praktikum empfangen?
Ich wurde vom Studiomanager begrüßt und von einer anderen Praktikantin eingearbeitet. Es gab immer Teamsitzungen am Morgen, über die ich schließlich Einblicke in alle Bereiche bekommen habe. Besonders zur Radiokorrespondentin hatte ich einen guten Draht, das war sehr wertvoll, mich mit allen Fragen an sie wenden zu können. Das hat mir Sicherheit gegeben.

Was waren deine Aufgaben im Praktikum?
Ich habe sehr viel für Social Media produziert, überwiegend Inhalte für den Instagram-Account ard.newyork oder für Weltspiegel Digital, dafür hatten wir auch einige Drehs und Fototermine. Auch Straßenumfragen habe ich einige gemacht – und gegen Ende einen eigenen Radiobeitrag über Weihnachtsfilme in New York umgesetzt. Letzteres war mir wichtig, und ich würde daher auch jedem Praktikanten empfehlen, sich selbst zu überlegen, welche Projekte man übernehmen möchte – und es dann angehen, es anbieten und darauf hinarbeiten. Ich glaube, ich habe auch davon profitiert, von Tag 1 auf die Qualität meiner Beiträge zu achten; daraufhin habe ich gute und wertvolle Aufgaben übernehmen dürfen.

Was waren inhaltlich deine konkreten Themen?
Konkret war ich beispielsweise für Herbstfotos im Central Park, für eine DKMS-Gala auf dem roten Teppich in der Wall Street, auf einer Kund-

gebung auf dem Times Square, bei der großen Village Halloween Parade, auf einem Dreh im Empire State Bildung und bei einer Rede des Bürgermeisters von New York am Rockefeller Center. Es war aufregend, mich neben zahllose andere Journalisten bei diesen Terminen zu drängen, um für die besten Bilder ganz vorne dabei zu sein – aber ich wollte eben alles geben! Ich war auch mit auf Drehs für verschiedene Formate wie Brisant, Monitor oder die aktuelle Berichterstattung, etwa bei einem Interview mit Bundesjustizminister Marco Buschmann vor den Vereinten Nationen. Generell hatte ich großes Glück, dass mein Praktikum in einer politisch spannenden Zeit stattgefunden hat: Es waren Midterms in den USA, daher konnte ich zu diesem Thema Leute aus New York befragen und Info-Beiträge über die demokratische Kandidatin und ihren republikanischen Herausforderer erstellen. Auch habe ich mitbekommen, wie darüber unter Zeitdruck ein Stück für den Tagesschau-Brennpunkt entstanden ist. Mein Tipp also: Wer flexibel ist, sollte versuchen, eine nachrichtlich spannende Zeit für sein Praktikum zu erwischen.

22.2 Praktika in Österreich

Die Situation für Praktikanten in Österreich und die Anforderungen an sie ist vergleichbar mit der in Deutschland. Auch in Wien, Linz oder Salzburg punktet, wer eine ordentliche Bewerbung versendet und motiviert ist. Auch hier ist auf der sicheren Seite, wer vorab klärt, welche Inhalte und Aufgaben das Praktikum beinhaltet. Die wichtigsten Unterschiede zu deutschen Praktika werden in den unterschiedlichen Begrifflichkeiten deutlich. Österreicher unterscheiden auch zwischen Ferialpraktikum und Ferialjob – mit arbeitsrechtlichen Konsequenzen.

22.2.1 Ferialpraktikum

Grundsätzlich darf in Österreich ab dem Alter von 15 Jahren gearbeitet werden. Pflichtpraktika, beziehungsweise Pflicht-Ferialpraktika, stellen einen Graubereich dar: Schüler/innen oder Studierende müssen, um ihre schulische Ausbildung komplett zu machen, ein solches absolvieren.

Hierbei muss das Lernen und die Ausbildung im Vordergrund stehen. Weil diese Pflichtpraktika oft während der Sommerferienzeit stattfinden, werden sie meist auch als Ferialpraktika bezeichnet. Oft gibt's dafür nur ein Taschengeld: Es gibt kein Recht auf einen Mindestlohn.

22.2.2 Ferialjob

Bei Ferialjobs geht's ums Geldverdienen. Ein solcher Job liegt vor, wenn du in persönlicher und wirtschaftlicher Abhängigkeit arbeitest und ist meist mit einem befristeten Arbeitsvertrag ausgestattet. Damit wird ein Arbeitsverhältnis oder Dienstverhältnis begründet, das durch Arbeitspflicht gekennzeichnet ist, eine Entlohnung mindestens in Höhe des jeweiligen „Kollektivvertrags" (Tarifvertrags) und Weisungsgebundenheit gegenüber dem Arbeitgeber. Dafür stehen dir auch alle Arbeitnehmerrechte zu wie Urlaub, Lohnfortzahlung, Kündigungsfristen. Falls du eigentlich ein Ferialpraktikum angetreten hast und dir inzwischen wie ein Vollzeitarbeitnehmer vorkommst, kannst du im Zweifel Entgeltansprüche geltend machen. Die Beweislast liegt aber bei dir.

22.3 Praktika in der Schweiz

Die Schweiz ist berühmt für Schokolade, Emmentaler und Offizierstaschenmesser – für Auslandspraktika allerdings bisher weniger. Schade eigentlich – denn das kleine Land ist für Praktikanten nicht unattraktiv: Es gibt diverse innovative Unternehmen aus verschiedenen Branchen und vergleichsweise hohen Praktikantenlohn, oft sind es umgerechnet 1800 € pro Monat. Achtung: Die Schweiz hat vier Amtssprachen: Deutsch, Französisch, Rätoromanisch und Italienisch; jedes der 26 Kantone legt die eigene Amtssprache fest. Möglicherweise ist es für dich am besten, wenn du dich in einem der 17 Kantone bewirbst, in dem Deutsch als Amtssprache gilt.

Übrigens: Wenn dein Praktikum weniger als drei Monate dauert, reicht es aus, wenn du nur eine kurzzeitige Erwerbstätigkeit anmeldest – und das geht ganz einfach online. Dauert es länger, brauchst du eine

Kurzaufenthaltsbewilligung. Die bekommst du, wenn du etwa den unterschriebenen Praktikumsvertrag in der Tasche hast. Den entsprechenden Antrag muss dein Arbeitgeber beim zuständigen kantonalen Migrationsamt stellen und wird anschließend dem Staatssekretariat für Migration SEM in Bern vorgelegt. Gibt's auch von dort grünes Licht, kann der Ausweis ausgestellt werden. Für dich hält sich der Aufwand in Grenzen.

22.4 Praktika im Rest der Welt

Den Horizont erweitern, die Chancen auf dem Arbeitsmarkt vergrößern – ein Auslandspraktikum ist in jedem Fall zu empfehlen. Wenn einige grundlegende Ratschläge befolgt werden, steht diesem Highlight im Lebenslauf nichts mehr im Weg.

Auslandsaufenthalte sind ebenso wie Praktika dicke Pluspunkte im Lebenslauf. Wer zwei Fliegen mit einer Klappe schlagen will, macht also einfach beides in einem Aufwasch. Wer im Ausland war, kann meist mit anderen Arbeitsweisen und Lebensstilen umgehen, beherrscht die Landessprache mindestens ausreichend, hat Mobilität und Flexibilität bewiesen und besitzt eben ein gewisses Maß an „interkultureller Kompetenz". Auch nicht zu vergessen ist der Aspekt „Raus von zu Haus". Und manchmal bietet ein Auslandspraktikum auch ein dickes Sahnehäubchen: Über den heimischen Tellerrand hinausblicken kann nämlich auch auf Meer hinausblicken bedeuten …

Damit Strand und Sand stimmen und natürlich vor allem das Unternehmen, solltest du ein Auslandspraktikum lange vorausplanen. Abgesehen von der notwendigen Abstimmung auf Semester und Seminare dauert es seine Zeit, bis du eine Stelle gefunden und dir am besten auch noch ein Stipendium gesichert hast. Zusammen mit eventuell benötigtem Reisepass und Visum, den Eigenheiten deines Ziellandes und den anderen sieben Sachen vergehen da schon mal zwölf oder 18 Monate. …

Grundsätzlich kannst du dich natürlich bei jedem Unternehmen weltweit auf eigene Faust bewerben, und auf diesem direkten Wege – wie im Inland auch – eine Stelle bekommen. Bessere Chancen als bei rein ausländischen Unternehmen hat man in der Regel bei deutschen Unternehmen, die ausländische Dependancen haben – die Muttersprache erweist sich hier als klarer Vorteil. VW beispielsweise stellt in seinem Werk in Mexiko gerne deutsche Praktikanten mit Spanischkenntnissen ein. Andersrum geht's natürlich auch: Du kannst dich von deutschen Filialen ausländischer Unternehmen vermitteln lassen. Microsoft beispielsweise schickt seine deutschen Mitarbeiter gerne zum Hauptsitz nach Redmond bei Seattle.

Wer sich bei einer ausländischen Firma bewirbt, sollte vor allem die Sprache beherrschen: Im Gegensatz zu einem ungezwungenen Studienaufenthalt im Ausland gibt es während eines Praktikums keine Gelegenheit, die Sprache vorab vor Ort zu lernen. Du solltest die Landessprache also einigermaßen beherrschen, es sei denn, du arbeitest in einem Unternehmen, in dem überwiegend ohnehin Englisch gesprochen wird. Sonst kannst du nicht von Anfang an mitarbeiten.

Die erste Anlaufstelle ist das Akademische Auslandsamt an deiner Hochschule. Auch Praktikumsorganisationen vermitteln Stellen und helfen vor und während des Aufenthalts mit Rat und Tat und vielleicht auch finanziell weiter.

Nützliche Adressen
- Der Deutsche Akademische Auslandsdienst (DAAD) ist eine Einrichtung der deutschen Hochschulen, die durch Studentenaustausch Beziehungen mit dem Ausland fördert: www.daad.de
- Aiesec (www.aiesec.de) ist die größte Studentenorganisation der Welt und organisiert und vermittelt internationale Praktika in 124 Ländern. Das Ziel der Praktika ist kulturelle Erfahrung, der Schwerpunkt liegt in den Bereichen Finanzen, Marketing, Projektmanagement, Rechnungswesen, Controlling sowie in gemeinnützigen Organisationen und der Entwicklungshilfe. Auch als Sprachenlehrer kannst du Erfahrungen sammeln.
- Iaeste (www.iaeste.de), eine internationale, unabhängige Organisation, vermittelt Fachpraktika im Ausland für Studierende aller technischen und naturwissenschaftlichen Fachrichtungen.

GPSR Compliance

The European Union's (EU) General Product Safety Regulation (GPSR) is a set of rules that requires consumer products to be safe and our obligations to ensure this.

If you have any concerns about our products, you can contact us on

ProductSafety@springernature.com

In case Publisher is established outside the EU, the EU authorized representative is:

Springer Nature Customer Service Center GmbH
Europaplatz 3
69115 Heidelberg, Germany

www.ingramcontent.com/pod-product-compliance
Lightning Source LLC
LaVergne TN
LVHW020347260326
834688LV00045B/1586